Deviens qui tu es!

Histoires d'ÊTRES vrais

Tous droits réservés
Révision linguistique : Marcelle Bisaillon
Graphique de page couverture : Éric Henry
Infographie, photo et mise en page : Normand Bourget

www.normandbourget.com

ISBN : 978-2-924631-01-0
ISBN : 978-2-924631-00-3 (1er édition)

Dépôt légal : 4e trimestre 2016
Bibliothèque et Archives nationales du Québec
Bibliothèque et Archives Canada

Normand Bourget

Deviens qui tu es!

Histoires d'ÊTRES vrais

Les éditions Asteure Média

*À tous ces gens rencontrés
au fil des ans
qui m'ont enseigné, dirigé et influencé.
Je porte en moi à jamais
une parcelle d'eux
et tente bien humblement
de leur rendre hommage
à chaque occasion
qui se présente à moi.*

Sommaire

Chapitre 1 : Préface

Chapitre 2 : Introduction

Chapitre 3 : En quête de sens

Chapitre 4 : Quand tout dérape

Chapitre 5 : L'estime de soi ... ou perception des autres

Chapitre 6 : Coupable d'être coupable

Chapitre 7 : Se craindre soi-même

Chapitre 8 : « Miroir, miroir…! »

Chapitre 9 : La flexibilité de la pensée

Chapitre 10 : Un deuil chaque jour

Chapitre 11 : Le vent souffle

Chapitre 12 : Nulle part ailleurs, qu'ici

Chapitre 12 : Et la vie dans tout ça?

Chapitre 14 : Deviens qui tu es!

Préface

À l'ère où les conférences, les livres, les gourous, les soirées de canalisation et les salons de toutes sortes inondent nos plages d'activités, à une époque où celui qui cherche ne peut que facilement trouver une référence en un « coach » de vie, un thérapeute de l'âme, un voyant et j'en passe, à l'heure où une mode enivrante de se placer la tête dans les nuages et de rêvasser sa vie virtuellement devient la norme, j'ai décidé d'écrire ce livre.

Cela faisait suite à une rencontre qui remontait à près de quatre ans. Je côtoyais un aidant spirituel fort bien ancré dans le concret, un être doué de grandes qualités morales et, en même temps, bien équilibré sur les plans plus subtils. Un soir où, de mon côté, plus rien n'allait, que plus grand-chose n'avait de sens dans ma vie, il m'a regardé et m'a dit que mon problème venait du fait que depuis trop longtemps j'avais la tête dans les nuages. Mon existence se passait en haut et non en bas, sur le plancher des vaches.

Que le côté spirituel, c'était bien beau, mais que si j'étais venu sur cette terre et que j'y résidais toujours, c'était sûrement que ma mission de vie n'était pas tout à fait terminée.

Franchement, ce soir-là, j'ai eu envie de le frapper. Ce fut d'ailleurs notre dernière rencontre. Eh! oui, il y a des vérités, comme celles-là, plutôt difficiles à accepter.

Quoi?

J'avais perdu tout ce temps à lire ces livres me rapprochant de mon intérieur, me permettant de m'élever en ce monde, de me faire sentir plus grand, plus spécial que la masse, plus connaissant?

Moi?

Je cheminais dans la bonne direction depuis si longtemps, assuré de la destination, voilà que LUI se permettait de me dire que je devais revenir les deux pieds sur terre, de retourner dans cette vie concrète que je m'efforçais de fuir à pleine course depuis ma tendre enfance?

« Non, mais il avait du culot, celui-là! »

J'avais toutes les raisons du monde de m'offusquer. Pour qui se prenait-il avec son gros égo de conseiller?

Au fond, il le savait mieux que moi, il voyait tout. Je ne vivais pas ma vie, je la chevauchais. Ce n'était pas mes pieds qui touchaient le sol, mais ceux d'une autre personne, de quelqu'un d'inconnu. Ma tête restait au deuxième niveau, tout là-haut dans le ciel, à contempler une réalité que je n'étais pas prêt à expérimenter réellement. Pendant ce temps les années passaient, les aiguilles de l'horloge tournaient sans repos et aucune paix intérieure ne s'installait. Au contraire, plus les mois s'accumulaient, plus mon insatisfaction grandissait. La sensation intérieure que, malgré les efforts déployés, tout restait identique à hier. Je tournais en rond.

J'étais pourtant certain de mes convictions, bien préparé à toute éventualité, mais je ne pouvais que constater l'échec. Quelque chose manquait à ma vie. Et voilà que la solution ne résidait que dans le fait de revenir à moi. Marcher les pieds sur la terre ferme, vivre le concret, les émotions, bref, vivre ma vie telle qu'elle m'apparaissait tous les jours dans sa pure vérité.

Il me fallait donc apprendre de mon passé, faire la paix avec mon présent, accepter ma vie dans son ensemble. Finalement, faire le travail pour lequel je m'étais mandaté en tout premier lieu, espérant un jour pouvoir passer au deuxième niveau pour être libre de vivre entièrement et non en projection, comme assis dans une salle devant un film sur grand écran. Comme un guitariste doté d'une oreille musicale naturelle devant faire abstraction de celle-ci pendant plusieurs années pour se concentrer sur la technique, la lecture, la pratique. Un travail fastidieux alors que son talent ne cherche qu'à s'exprimer. Mais le jour où, fort de toutes ces connaissances, il libèrera ce sens inné combiné à une maîtrise technique parfaite, ses limites disparaîtront totalement.

Je voyais donc dans ce livre l'occasion de me ramener à moi-même, de retourner à l'essentiel qui m'habitait, dans la plus pure vérité. Le moment de me dire, en me regardant droit dans les yeux, certaines choses que j'occultais objectivement pour ne pas trop les ressentir.

Mon désir le plus sincère était aussi de vous faire réfléchir sur vous-même, cher lecteur, sur votre vie, vos actions, vos pensées, vos programmations. Aucune prétention de ma part d'avoir trouvé le remède miracle qui guérit tout en un claquement de doigts. La solution résidant en chacun de nous et nous appartenant, ma potion magique ne vous serait probablement pas d'un grand secours et vice-versa. Juste réfléchir un peu, le temps d'un livre, pour finalement s'attaquer à notre mandat de vie et, en temps et lieu, pouvoir faire le grand saut vêtu d'un costume beaucoup plus léger, sans bagage inutile. Seulement avec la légèreté de l'être libéré de ses chaînes.

Qui étais-je au fond pour me permettre de développer tous ces chapitres? Non, je n'avais pas une expérience de vie comme certains d'entre vous qui avez été confrontés à ces troublantes atrocités, comme seul l'humain est capable de produire. Je n'ai pas été battu par mes parents, ni abandonné et encore moins aux prises avec un divorce houleux, lorsque les gens s'entre-déchirent et se détruisent petit à petit. Ni riche ni pauvre, venant d'une famille normale pour l'époque, vous m'auriez à coup sûr loupé en me croisant dans la rue de mon modeste quartier.

Je n'avais aucune histoire de dépendance à la drogue à raconter, pas de beuverie mémorable, d'expérience dégénérative d'adolescent rebelle en quête de sensations fortes, jamais été témoin de meurtres ou de suicides. Je n'étais pas sorti de griffes sataniques ou de quoi que ce soit d'autre. Je ne pouvais vous faire pleurer d'empathie ou de fierté à mon sujet pour un effort surhumain accompli, comme on aime les gens qui s'en sortent miraculeusement. « Il était parti de rien, il a défié l'adversité et surmonté les épreuves! » Le rêve américain, quoi! Du moins, les histoires dont les médias ont bien voulu nous parler, en oubliant celles qui sont moins vendeuses pour les cotes d'écoute.

Je n'étais pas non plus bachelier en psychologie, je n'avais pas de formation en relation d'aide et aucune expérience d'écriture sérieuse dans les cinquante dernières années.

Je savais que vous vous diriez :

- Mais qu'est-ce qu'il peut bien avoir à nous enseigner, celui-là, dans les deux cents prochaines pages? Et sur quoi s'appuiera-t-il pour nous présenter un semblant de crédibilité, pour faire en sorte que notre mental accepte ses propos, paragraphe après paragraphe, que notre cœur se laisse toucher par ses histoires?

Surprenant, mais je n'avais aucun complexe à m'installer à l'ordinateur et à débuter ce qui, peut-être, représenterait pour moi un autre tournant dans ma vie, un nouveau défi qui me plongerait en moi pour en faire jaillir un « je-ne-savais-quoi » encore.

Toute ma vie j'ai observé mes semblables d'un regard différent des autres. Je n'y pouvais rien, j'étais fait comme ça. Pas le moindre ami, à l'époque, ne voulait savoir pourquoi telle ou telle personne se comportait de la sorte, ce que signifiaient les pleurs de cette fillette, la colère du professeur, la réaction de l'élève rejeté par le groupe. Pourquoi ce besoin d'appartenir à la masse, d'être reconnu, de gagner? Habité par mille et une questions, ma tête ne s'était jamais vraiment arrêtée un instant pour prendre des vacances, et plus tard mon cœur s'en est mêlé.

Je ne vous dirai pas le résultat!

Donc, je me présenterai à vous comme un chercheur sans diplôme, un autodidacte de la vie, sans reconnaître le système officiel qui décerne les certifications et qui évalue les supposées compétences, comme un « Monsieur Tout-le-Monde » sans prétention.

Et savez-vous quoi? J'en suis totalement fier!

Je suis votre voisin, votre beau-frère, le passant sur la rue que vous croisez chaque matin en vous rendant au boulot. Je suis tantôt le messager, tantôt celui qui espère votre aide. Je suis celui en face de vous présentement dans le métro ou l'autobus, le caissier au dépanneur du coin, le passant qui vous précède en ce moment à l'intersection. Eh oui! J'ai bien dit « vous », car, tous et toutes à un moment donné de nos vies, nous remplirons ces fonctions de donner ou recevoir de l'aide. Nous serons donc tous le Sage de quelqu'un... un jour ou l'autre.

Je me réserverai toujours le privilège de me tenir loin de la prison des concepts, libre de fouiller et de changer d'opinion à volonté, fier de ramer à contre-courant, de rester libre dans ma tête en tout temps, sachant inconsciemment et depuis mon tout jeune âge que la vérité diffère d'un individu à l'autre et que cette vérité change, évolue, transformée par ces évènements de la vie, personnels à chacun.

Il faut suivre **SON PROPRE CHEMIN**, un cheminement qui ne s'arrêtera jamais. Car s'il y a un principe de base dans la vie, c'est bien celui-ci : « **La vie, c'est le mouvement, la transformation.** »

Tout ce qui vit se transforme à l'infini. De la plus grande des rivières à la plus inerte des pierres, d'un temple sacré en Inde au plus minuscule insecte vivant, tout change, tout évolue. Rien n'est plus jamais comme hier.

L'humain, comme sa pensée, chemine, se contracte, se déforme et cherche l'équilibre... **SON ÉQUILIBRE.** D'autres appellent ça **LE BONHEUR.**

Moi, mon équilibre ou mon bonheur, c'est de comprendre, de ressentir la vie. J'y mets tout mon temps, toute mon énergie, depuis ces cinquante dernières années. Et voilà dans ce livre le fruit de toutes ces réflexions, sur nous, sur nos bibittes, nos peurs, nos incohérences et sur nos quêtes personnelles. À travers toutes ces particularités, inconsciemment ou pas, chacun d'entre nous avance sur le chemin de l'apprentissage. Certains plus vite que d'autres, à pas de tortue ou à grandes foulées, tel un guépard. Nous sommes tous condamnés à atteindre la même et unique destination : **LA LIBERTÉ !**

La vie m'a appris que la souffrance est totalement relative. La douleur d'une personne n'est pas nécessairement celle de l'autre. Nous n'avons qu'à passer une journée à l'urgence d'un hôpital, à observer les gens en attente d'une consultation, pour constater que les plaintes diffèrent et n'ont généralement aucun lien avec la blessure ou l'inconfort ressenti.

Je suis ici, tout comme vous, avec mes forces et mes faiblesses que je m'efforce de travailler tant bien que mal au fil des jours. Tout comme vous, cher lecteur, j'ai mon travail quotidien, mon lot de tâches à accomplir, de la vaisselle à récurer, de la circulation à affronter. Je ne me présente pas ici comme un gourou, non, ça non Je considère qu'il y en a beaucoup trop ces dernières années qui racontent n'importe quoi et qui ont une certaine difficulté, ou plutôt une difficulté certaine, à suivre leurs propres enseignements. Tout ce que je vais affirmer dans les prochains chapitres ce sont mes convictions les plus profondes, une vision de ce que devrait être la vie dans un monde idéal.

Par contre, je suis bien conscient que la route est longue et parsemée d'embûches, qu'à chaque jour suffit sa peine et que je ne peux être qu'un guide. Je ne suis qu'un homme qui tente de vivre de ses principes et qui doit se les rappeler farouchement, en de maintes occasions.

Le but de ce livre est d'apprendre à survivre aux changements significatifs de nos vies, à se connaître soi-même, à réfléchir, à saisir les grandes occasions pour cheminer. Cesser de tourner dans cette roue sans fin, dans ces spirales qui nous tirent vers le bas et qui provoquent éventuellement une cassure radicale, si nous persistons à ne rien y comprendre.

Par des histoires, toutes plus vraies les unes que les autres, vécues personnellement ou bien reçues en confidence au hasard de rencontres avec des messagers anonymes qui s'ignorent eux-mêmes, je vous donne mon humble opinion sur ce qui nous caractérise et nous rend si complexes, nous, les humains. Notre façon si efficace de reproduire indéfiniment les mêmes modèles, tout en voulant à tout prix trouver ce fameux bonheur... et à quel prix !

Dans les pages qui suivent, je m'amuse avec nos petits travers, nos mensonges, notre aveuglement volontaire, avec notre tendance à faire porter à l'autre la responsabilité de nos actes, à trouver un coupable au cas où les choses ne tourneraient pas comme prévu, avec notre sens inné de la procrastination, mais aussi avec notre profond désir d'aimer et d'être aimé. Ce désir qui est, à la fois, la cause de nos grandes turbulences et l'outil principal de notre salut.

J'essaie de vous présenter à votre propre clone, tout comme au mien, à celui qui nous accompagne jour après jour depuis si longtemps. Ce Jean-François, cette Claire, cet Émile, cette Sandrine et cet Yvan qui montent au front à notre place. Ce beau personnage qui nous permet toujours de voir une réalité acceptable, mais pas nécessairement réelle, de faire en sorte que la vie ne soit pas trop désagréable et douloureuse.

Comme par le passé, lors de certaines discussions entre amis, je tente de refaire le monde. Mais, cette fois, en le regardant droit dans les yeux, en m'efforçant de le voir tel qu'il est, ni mieux ni pire, en toute franchise. Notre vérité individuelle peut nous enchaîner tout comme nous libérer. Il ne tient qu'à nous d'y voir clair et de nous en servir, pour réussir à nous transfigurer nous-mêmes.

Introduction

Ma vie est marquée au fer rouge un jour de printemps 1978, à l'aube de mes quatorze ans, alors qu'aux funérailles d'un oncle originaire de France, je propose à sa veuve d'enregistrer la cérémonie sur cassette audio pour l'expédier à sa famille outre-mer. Je me dis que ses parents vieillissants, cousins, frères et sœurs auraient au moins l'impression d'avoir assisté à la cérémonie. L'idée est fort bien reçue.

Je m'empresse donc d'entrer dans l'église pour installer mon petit enregistreur portatif devant la caisse de son la plus près du banc où je me situe avec mes parents. Tout est en place et la cérémonie débute. Les discours, les chants, les textes récités comme d'habitude, sans trop de conviction. On est ici dans un temple catholique où la routine ne se démode pas. Tout est conforme aux traditions. C'est maintenant le curé de la paroisse et aussi cousin de la famille, qui s'approche du micro pour faire ce que l'on appelle, dans le rituel liturgique, l'homélie. Je considère toujours cette partie de la célébration comme la plus intéressante parce que c'est le seul moment où on est censé parler avec son cœur et non lire un texte écrit par « Dieu sait qui ».

Ce fameux sermon terminé, je remarque une anomalie à propos de mon enregistreur, quelque chose ne semble pas fonctionner normalement : le bouton Pause est toujours enfoncé, donc... **L'APPAREIL N'ENREGISTRE PAS!**

Je quitte mon siège en toute hâte, surprenant mon père assis à mes côtés par la rapidité de mon geste, et probablement aussi par les mots d'église qui, au même moment, sortent de ma bouche. Au Québec, on apprend en très bas âge à exprimer en mots d'origine latine ses joies ou, le plus souvent, ses frustrations. Rien de tel qu'un bon « TABERNACLE » bien senti pour décoincer le petit nerf qui fait souffrir. De plus, prononcer « TABARNAC » au lieu de tabernacle, ajoute à la manifestation de l'émotion ressentie.

Alors, me revoilà enjambant la balustrade, croyant peut-être qu'en me précipitant de la sorte, le temps ferait demi-tour et que le moment raté se retrouverait enregistré sur la bande. Mais rien ne s'y retrouve. Je dois vivre avec mon oubli de ne pas avoir enclenché correctement le mécanisme d'enregistrement au bon moment.

Dévasté, le mot est faible. Je sens que je laisse tomber les gens qui comptent sur moi et que je ne suis pas à la hauteur de la tâche. Je me présente comme le petit génie et voilà que je deviens le zéro de service. La cérémonie se poursuit et je pleure à chaudes larmes, la tête entre les deux jambes. Honteux, je me cache tant bien que mal derrière le dossier du banc voisin, espérant un paravent réconfortant, chose que mes parents, en raison de leur incompétence parentale, ne peuvent me procurer, ignorant ces moments de vie où ils doivent aider leur enfant à dédramatiser le plus tôt possible l'évènement, pour ne pas qu'il en garde des séquelles envahissantes.

Donc, ce jour-là, des choses atroces s'enregistrent dans ma petite tête d'enfant. Des souvenirs qui, aujourd'hui encore, résonnent en de multiples occasions, que je dois remettre en perspective chaque fois pour ne pas réactiver la blessure et m'en faire inutilement. Dès lors, le sceau de l'erreur est tatoué sur moi, bien malgré moi. Le sceau de celui à qui on ne peut faire confiance, de celui que les responsabilités dérangent, ne croyant pas pouvoir y répondre adéquatement.

Rien de surprenant que ma vie soit, à partir de ce jour, remplie de moments où mes erreurs sont constamment remarquées, pointées du doigt. Pendant plusieurs années, durant mon adolescence, je tends à pratiquer des sports qui me placent en position de grandes pressions, tels que gardien de but au hockey ou receveur au baseball. Des activités très compétitives où, là encore, on n'a pas droit à l'erreur, où le jugement des autres sur tes performances est intransigeant. On dirait que je me nourris de situations où l'erreur est inévitable, que je m'impose le défi de contrer et de vaincre cette erreur potentielle. Je retire un malin plaisir à défier les dés, à me retrouver dans des situations dont je dois me sortir, où mes chances sont 10 contre 1, où vaincre devient la seule solution. Comme pour corriger le passé, inconsciemment, je fais de ma vie un combat perpétuel contre l'erreur. C'est à la fois une hantise maladive et une source de gratification extrême.

Vous voyez comme un seul évènement peut orienter le cours d'une vie entière. Par contre, je crois que d'affronter de telles situations est, pour moi, inévitable, car je porte en moi cette émotion, ce manque de confiance cristallisé par un oubli banal. Un jour ou l'autre, je sais que je devrai affronter la bête, elle devra prendre place pour que le combat puisse débuter. Nous ne sommes pas encore rendus au dernier « round », mais je vous annonce que l'avantage tourne en ma faveur ces dernières années.

-3-

En quête de sens

Devenir qui nous sommes. Quel drôle d'idée! Je ne m'étais jamais posé la question antérieurement croyant fermement me connaître d'est en ouest, du nord au sud. Ma vie suivait une route bien établie. Je me réalisais du côté professionnel, social et personnel, enfin c'était ce que je croyais à l'époque. Je pouvais sans problème me définir à la première question. Je connaissais mes moindres réactions, mes goûts, mes désirs.

Alors, pourquoi chercher à se redéfinir à nouveau? Pourquoi déstabiliser l'équilibre atteint? Pourquoi se remettre en question?

Esquissons ici quelques idées.

Peut-être pour vérifier où j'en suis rendu dans ma vie? Peut-être pour y trouver un sens lors qu'il n'en reste plus? Pour rétablir l'ordre alors que mon quotidien éclate en mille morceaux? Pour finalement côtoyer ce bonheur tant désiré quand la maison est remplie de tout ce qui devrait nous combler et que de toute évidence ça ne fonctionne pas? Pour prendre de meilleures décisions et enfin rendre convergents l'extérieur et l'intérieur? Pour répondre à la question: où en suis-je rendu?

L'ensemble de ces réponses peut-être?

La petite histoire du chapitre précédent se voulait une modeste introduction en la matière. Juste entreprendre l'aventure de ce livre en se rappelant que la vie est remplie de surprises pourvu qu'on la laisse agir un tant soit peu. Qu'avant tout chose il faut prendre conscience que le chemin reste une histoire à écrire. Que ce qui se vit et semble si incohérent ne nous est présenté que pour mieux comprendre l'ensemble de l'œuvre. Que l'apprentissage doit avoir priorité sur tout.

C'est au moment où je croyais sincèrement avoir le plein contrôle de ma vie que le destin m'arracha à cette sécurité du « tout planifier ». Une blessure cervicale me clouait au sol. Maintenant incapable de faire les tâches les plus simples telles, tondre le gazon, passer l'aspirateur, etc. Pour la première fois de ma vie, je ne pouvais me relever et prendre la fuite dans l'action. Cette façon dont les humains s'occupent l'esprit et évitent ainsi de devoir réfléchir : ce que j'appelle le monde du « faire ». Je ne me retrouvais que dans « l'être », un espace quasi inconnu pour moi. Fort *malaisant*.

Trop d'années à bouger, fabriquer, bondir sur place, sortir et peu d'efforts ou de considération pour cet autre aspect de l'être humain. Cet endroit où tout se passe sans qu'il y ait à faire quoi que ce soit. Je multipliais les activités, partais ici et là, visiter ceci, explorer cela. À une certaine époque, il ne me restait de temps libre que le lundi soir. L'horaire était complet. Une émotion trop forte et je me voyais tourner en rond, sentir cette intense pulsion de partir marcher, courir, m'occuper l'esprit, etc.

Alors immobilisé comme je l'étais, me vint cette grande question : qui suis-je vraiment si je ne peux plus faire quoi que ce soit?

Ai-je encore une quelconque valeur aux yeux des autres?

Pire encore, suis-je sans valeur face à moi-même?

Dans la société actuelle, chacun se définit par ce qu'il fait, ce qu'il possède et par la perception que l'entourage lui retourne de sa propre personne… Je suis un propriétaire d'entreprise, un notaire, un diplomate ou un responsable de quelque chose. J'ai cette maison, ces autos, ce bateau, ce VR, ce cinéma maison, ces bijoux. On me dit généreuse, joviale, d'agréable compagnie, altruiste, etc.

On dirait un profil retrouvé sur les réseaux-rencontre n'est-ce pas?

Effectivement, on n'en est pas bien loin. Seulement cinq minutes de recherche rapide et vous dénichez ce genre de description. Car oui, à la question : « qui êtes-vous? », peu de gens peuvent discourir plus que quelques lignes sur leur propre contenu original. On en revient trop facilement aux activités qui nous occupent, et surtout, oui je veux mettre l'accent sur cet aspect si important ici, la perception des autres.

Que sommes-nous sans le regard des autres?

Franchement, posez-vous la question et tentez d'y répondre sans vous mentir à vous-même. Somme toute pas grand-chose n'est-ce pas? À vos yeux bien sûr.

Dans son livre « Devenir le meilleur de soi-même », Abraham Maslow nous entretient sur cette catégorie d'êtres humains qu'il qualifie « d'équilibrés ». Ces gens d'une grande rareté, libres, autonomes, en totale harmonie avec leur être profond. Ils sont capables de percevoir la société ainsi que leurs semblables en dichotomie totale d'eux-mêmes, tout en gardant à la fois cette relation inclusive. Ils décident de ce qui est bon pour eux sans l'influence externe de la publicité, de l'opinion publique, de la société en général. Pouvant aussi bien fonctionner en groupe, que seul, ces êtres s'étant affranchis de leurs dépendances peuvent maintenant vivre dans un état d'équilibre, choisir comme bon leur semble, agir pour l'intérêt commun, car la place qu'occupe leur égo est pour ainsi dire minimaliste.

Ils ne sentent plus le besoin de plaire, s'intégrer à un groupe, ni convaincre qui que ce soit de leurs valeurs. Leur quête n'a plus rien à voir avec le reste du monde. Ils vivent leur liberté de façon assumée et ne demandent rien en retour.

Ne pouvez-vous pas rêver de ce genre de vie? Juste être soi-même, sans pression. Prendre d'importantes décisions en total accord avec ce que votre petit doigt vous indique? Ne plus « faire » quoi que ce soit dans l'attente d'un retour, de reconnaissance? Exercer l'occupation qui vous stimule et qui vous apporte joie et prospérité. Réaliser que la personne qui partage votre vie, qui, vous accompagnant tous les jours, est assurément « LA » personne que vous choisissez chaque matin. Plus de peur, plus de confusion, plus de relations inutiles, déchirantes, car vous savez intrinsèquement que le choix reste le vôtre en tout temps. Qu'il soit clair pour vous que chaque décision ou chaque orientation sera le reflet de votre être et non d'une influence externe sans aucune considération pour l'entité en cheminement que vous êtes. Être capable de penser par vous-même, à contrecourant, sans vous sentir mal à l'aise.

Cela fait rêver n'est-ce pas ?

Mais déjà, j'entends certains d'entre vous maugréer face à une telle réalité.

- Ces gens-là n'existent pas vraiment.

- Pure fabulation!

- On ne peut pas être comme ça en société.

- Comment faire ce que l'on veut tout le temps sans représailles des autres?

- Moi, ne penser qu'à moi me ferait mourir de culpabilité.

Sans vouloir déplaire à quiconque, je crois que ces gens sont des précurseurs et qu'il faut prendre exemple de leur travail. Voir comment, à eux seuls, ils ont pu arriver à si parfaitement se connaître que vint avec cet état d'être une grande liberté individuelle. Une délivrance face à un fardeau qui nous assaille tous autant que nous sommes aujourd'hui.

Ah! je suis libre de mes actions, dites-vous. Mais ce soir, « je dois » assister à cette réunion. Juste avant, « je dois » conduire le plus jeune à son cours de judo. Demain, « je dois » terminer le ménage de la maison en prévision de la fête d'enfant du weekend prochain que « je dois » aussi organiser, car c'est à mon tour. « Je dois » aussi prendre rendez-vous avec le mécano pour l'entretien annuel de l'auto sans oublier de passer par le centre-ville récupérer un colis pour un ami à qui je rends service. Ah! j'oubliais! Vendredi soir, il y a mon frère qui s'annonce pour une visite!

Libre, dites-vous?

Une vie où le temps devient une richesse que l'on ne possède plus. Où les rares moments d'arrêts ne servent qu'à reprendre son souffle juste avant de sauter au prochain item sur la liste de rendez-vous.

Par nos lunettes colorées au goût du jour, nous nous fermons à tout changement. Et bien que souvent notre état s'empire, que l'on se sent mourir de l'intérieur, ce sentiment d'insécurité nous force à replacer sur notre nez ces mêmes verres fumés atténuant l'intensité de la lumière. C'est le statu quo à l'extérieur, mais la situation devient plus facilement vivable de l'intérieur. Rien pour autant n'a changé. Et si un jour, par accident, ces lunettes se brisent, nous retrouvons le même inconfort déjà vécu auparavant. Sans surprise, cela va de soi, car rien ne s'est modifié.

Cette fameuse peur du changement. Que sera demain si…

Tous, nous souhaitons une vie remplie de bonheur, de moments agréables, de sentiments d'exaltation. Mais malheureusement pour nous un virus s'est glissé dans notre ordinateur de bord et ce petit *malabar* se nomme : peur. La peur de l'inconnu, la peur de se tromper, la peur du regard des autres, la peur de faillir à la tâche, la peur de dire non.

Finalement : la peur d'avoir peur.

Dans ce livre : « Deviens qui tu es! » s'implante pour moi une solution à ce désordre que ressentent plusieurs personnes en ce siècle tordu. Ce grand vide intérieur amène les gens dans un « sprint » effréné, une course au bonheur instantané d'où découle une pléiade d'erreurs stratégiques. Entrainant ainsi notre apôtre du bien-être dans de grandes souffrances. S'enlisant d'échec en échec et peu à peu perdant l'origine de sa propre essence. Comment pouvons-nous vraiment changer notre vie, l'améliorer si nous ne connaissons rien des fondations sur lesquelles nous poserons les bases de notre reconstruction? Comment vraiment décider de ce qui est bon pour soi alors que, depuis des décennies, nous ne répondons qu'aux exigences des autres sans tenir compte de ses propres besoins. Que nos besoins égoïstes ne répondent en rien à nos vrais besoins d'accomplissement de soi. Pouvons-nous vraiment exister seuls ou devrons-nous pour encore longtemps maintenir en vie des relations cliniquement mortes, mais tout simplement pas encore enterrées?

« Que l'expérience devienne la destination! »

Vous voyez? Les gens que Maslow décrit dans son livre ne sont en aucun point des hurluberlus sortis tout droit d'un film. Ils ne sont que des humains ayant réussi à devenir tout simplement ce qu'ils sont réellement. En pleine connaissance de cause, maîtrisant leurs bons et mauvais côtés, ils peuvent dorénavant s'affirmer dans leurs forces et aussi leurs faiblesses, car rien de tout cela pour eux ne représente une fin en soi. La vie ne devient qu'une aventure où l'apprentissage en est la destination principale. Un point c'est tout!

Mieux se connaître pour mieux décider, mieux avancer, mieux vivre.

Mais placer les projecteurs sur soi de la sorte, se regarder dans le miroir avec autant de priorités, il est à se demander si l'égo ne finit pas par prendre toute la place. À être si conscient de ses forces, ne devient-on pas une grosse tête enflée imbue de soi-même?

Surprenant, mais ici, un phénomène alors se manifeste.

D'après Maslow, plus ces gens améliorent ce lien avec l'être qu'ils sont, plus ils osent conscientiser leurs bons et mauvais côtés, et plus une forme d'humilité s'installe. Une modestie non pas face aux résultats déjà perceptibles, mais plutôt à la somme colossale de boulot à accomplir pour la suite. Et pour cause! Pourquoi me sentirais-je supérieur alors que je sais que mes forces sont accompagnées d'aussi grandes faiblesses? Pourquoi aurais-je ce sentiment de supériorité alors que je n'en ai aucunement besoin? Je sais qui je suis et cela suffit à donner l'élan nécessaire à ma vie. Tous ces besoins qui nous collent à la peau : besoin de plaire, d'affirmation, de reconnaissance, de comparaison, de possession, de manipulation pour en arriver à nos fins et combler ces zones encore inexplorées de notre être deviennent futiles alors que l'équilibre est déjà présent. Ils n'ont plus de place, ils ne peuvent plus interférer dans notre réalité.

Voilà donc la liberté, la vraie!

Mais avant de planter le drapeau de la victoire sur nos bibittes intérieures, il faudra bosser, trimer dur. Errer, se perdre et puis se retrouver. Pour ensuite se perdre à nouveau et recommencer. Et c'est pour cette raison que ce livre abordera modestement certains thèmes de la vie, certaines situations ou, sans nous en rendre compte, nous fuyons la vérité pour nous réfugier derrière nos lunettes teintées. Ah! certainement des lunettes que l'on dit de grande qualité, mais au fond, des verres qui modifient les apparences quand même. De chapitre en chapitre, je reviendrai à ce qui reste primordial dans votre vie c.-à-d. VOUS. Nous devons revenir à la base. Constater ce qui a depuis trop longtemps été invisible à nos yeux, bien caché derrière nos bonnes intentions, notre sentiment d'urgence, et rebâtir.

Revenons aux choses courantes de la vie. Le diable se cache dans les détails, disent-ils. Alors, laissons de côté les gurus et revenons à soi.

-4-

Quand tout dérape...

Rarement, dans notre vie, nous nous questionnons sur ce que nous sommes vraiment. Passé l'adolescence, les choix de société étant faits, notre vie d'adulte prend toute la place et les occasions de remise en question existentielle sont repoussées le plus loin possible. Nous avons bien « d'autres chats à fouetter », comme dit l'expression. Mais un jour où l'autre, à la trentaine ou à la quarantaine ou encore à la fin de vie, un évènement se produit et cette grande question jaillit comme un vieux fantôme resté dans le grenier toutes ces années, n'attendant que le bon moment pour apparaître. Alors, on se demande : « Mais finalement, qui suis-je? »

Que ce soit lors d'une séparation, d'un deuil, d'un départ soudain, d'une perte d'emploi, on se questionne et on tente de se retrouver, car l'être actuel qui est devant nous, soudainement, ne répond plus comme auparavant.

Franchement, les changements les plus significatifs de ma vie se sont, sans exception, imposés, me dérangeant, entrouvrant la porte à ces grandes questions existentielles. Aujourd'hui, lorsque je regarde dans le rétroviseur le chemin parcouru, je constate que ces évènements ont suscité en moi des éveils de conscience pas toujours évidents, mais ô combien salutaires!

Bien que souvent mal perçues, les épreuves que nous vivons nous amènent à nous repenser, à nous renouveler, si, bien sûr, nous avons appris à utiliser cette énergie de changement de manière efficace. L'eau peut à la fois détruire des villages entiers lors d'inondations et alimenter toute une ville en électricité. Il s'agit d'en comprendre le fondement pour ensuite l'utiliser à bon escient. Tout simplement, nous n'avons qu'à apprivoiser son énergie, à transformer son potentiel hydro-électrique afin de l'utiliser à des fins plus constructives. À plusieurs occasions, la vie nous donne ces options de croissance, ces moments remplis d'opportunités d'amélioration de notre existence, à court ou à moyen terme.

Je me rappelle un collègue qui, en quelques mois à peine, a perdu son père, reçu une procédure de divorce de sa conjointe et s'est fait remercier à son travail. Une toute petite portion d'année, et tout son monde s'écroulait. Sur le plan affectif, social et professionnel, plus rien ne tenait. Dans un tel raz-de-marée, n'importe quel être humain normalement constitué se serait précipité dans le vide pour fuir ce cauchemar.

Il me revient aussi en tête le film *Feast of love,* qui raconte l'histoire d'un homme, joué par Greg Kinnear, qui est trahi par sa femme, d'une horrible façon. Déjà ébranlé par plusieurs ruptures, toujours plus difficiles les unes que les autres, l'histoire nous amène à un point culminant où sa douleur l'étouffe complètement. Dans un moment de grande détresse, il prend un couteau et, dans un geste hautement désespéré, il tente de se couper un doigt. Constatant sa gaffe, il se précipite à l'urgence à toute vitesse. Il est accueilli par une femme médecin. Dans un élan de grande empathie, le regardant dans les yeux, elle lui demande doucement les raisons qui l'ont amené à poser ce geste irréfléchi. Sa réponse me revient souvent en tête. Il lui dit :

- J'avais besoin de ressentir autant de douleur dans mon corps que j'en ai dans mon cœur!

Comme souvent, dans la vie, les choses n'arrivent jamais seules. On dirait que tout le ciel planifie notre chute. Je suis convaincu qu'au moins une fois dans votre vie, à l'intérieur de vous, vous avez ressenti cette terrible douleur générée par le vide, l'insécurité ou le mépris. Cette douleur tellement insoutenable qu'elle peut nous faire agir de façon irrationnelle pour, à tout prix, la faire cesser.

Le collègue dont je vous ai parlé a dû vouloir lui aussi s'abandonner au pire scénario, laisser tout tomber et mourir. Eh bien, non! Il a fait le contraire. Comprenant que, peut-être, la vie lui envoyait un message, un signe que maintenant son chemin devait être ailleurs, puisque tout se désintégrait sous ses pieds, il a décidé de quitter sa région natale pour s'établir dans une autre ville, pour recommencer à zéro et se donner la chance de transformer ce passage difficile en quelque chose de plus beau, de plus positif.

De l'extérieur, nous avons tous la même réaction. Nous nous disons :

- Pauvre homme! Comment peut-on se relever d'une telle débâcle?

C'est bien naturel. Nous nous transposons dans ses souliers et notre première réaction, c'est la peur. Que ferions-nous dans une telle situation? Comment réagirions-nous? Comment pourrions-nous trouver la force de recommencer notre vie à partir de rien? Comment ferions-nous la paix avec tout ça et voguer vers une autre destination, sans remords ni regret?

Eh! bien, sachez que, quelques années plus tard, au moment où je l'ai connu, il en parlait avec une sérénité peu commune, allant même jusqu'à affirmer que, pour lui, cette période représentait un apprentissage tout en sagesse et qu'il n'avait aucune rancune ni envers son ex-conjointe, ni envers son ex-patron, ni envers la vie en général. La tempête passée, son quotidien lui apparaissait cent fois plus beau. Le travail qu'il avait réalisé sur tout ce vécu l'avait amené à constater qu'au fond il n'était plus en amour avec sa femme, que malgré tous les efforts déployés, son couple n'avait plus de sens et que, depuis fort longtemps, son travail ne représentait plus aucun intérêt, aucun défi. Finalement, il réalisait que perdre tout ça l'avait amené à revoir ses priorités et à réévaluer l'ensemble de sa vie.

Étant tous humains, remplis de sentiments compliqués et d'émotions souvent mélangées, il est difficile, au cœur de la tempête, de tenir le même discours. Sachez que la morale d'une histoire se découvre seulement à l'écriture du dernier chapitre. Ce qui reste important dans tout cela, c'est que, même s'il y a des périodes où tout semble perdre son sens, où tout se détruit, se consume, il ne faut jamais oublier que : **tout passe**!

Des traces vont peut-être subsister dépendamment des évènements, mais le temps et la transformation qui s'opère en nous en travaillant à équilibrer notre vie font en sorte qu'un jour, nous pouvons poser un regard sur ce passé et sentir un réel apaisement.

Pour ce qui est de ce fameux copain, la dernière fois que je lui ai parlé, il filait le parfait bonheur avec une femme merveilleuse. Deux petits garçons, plus tannant l'un que l'autre, sont nés de cette union. De plus, il pratiquait un travail gratifiant. Il faut croire que, si nous laissons les nuages se dissiper un peu, le soleil n'est jamais vraiment caché loin derrière. Toutefois, faire ce pas de géant ne s'accomplit pas en regardant passer la parade, il faut en faire partie et tracer son propre chemin.

Je m'amuse souvent à observer la vie comme une pièce de théâtre, du haut des airs, comme le feraient certains compagnons ailés. Je nous regarde nous empêtrer dans ceci, dans cela, nous inventer des histoires qui n'ont aucun sens et aimer les reproduire sans cesse, éternellement. Et en même temps, il nous faut avancer, comprendre, cheminer. C'est à ce moment que nos « coachs » étoilés prennent les grands moyens pour nous bouleverser un peu, pour nous sortir de cette zone de confort que l'on recherche constamment. Bien sûr, l'indispensable « libre arbitre » reste toujours parfaitement présent sans quoi, force serait d'admettre que nos destins sont tous programmés et que nul ne peut y changer quoi que ce soit. À mon avis, ceci est totalement exclu, sinon, que seraient l'apprentissage et la responsabilisation dans nos vies sans cette possibilité d'assumer des gestes posés?

Alors, on nous tend la main, on nous suggère des possibilités, on nous propose des points de vue différents. Mais à la fin, la décision nous appartient toujours, nous pouvons soit y adhérer, soit refuser.

Chaque grand bouleversement constituera une occasion d'apprendre quelque chose, d'explorer une partie insoupçonnée de nous qui, chaque fois, nous surprendra. Tout résidera dans notre façon de gérer la crise. Ferons-nous face au défi ou profiterons-nous de l'occasion pour fuir vers l'immobilisme? Accepterons-nous l'inconnu ou camperons-nous dans le connu? Traverserons-nous ces nuits d'angoisse comme une initiation ou comme une punition? **Serons-nous des victimes ou des créateurs?**

« Qu'ils sont bizarres ces humains! Attachés à une chaise, ils ne cherchent qu'à s'en libérer. Aussitôt fait, ils en cherchent une autre pour retrouver leurs vieilles habitudes! »

Ne rien faire

Lorsque ça frappe de partout, lorsque des changements s'imposent, lorsqu'on ne se reconnaît plus, la première action à poser avant toute chose, d'après moi, c'est **ne rien faire**. De toute façon, généralement, il n'y a rien à faire. La poussière doit retomber. Précipiter les choses ne ferait que mettre un baume temporaire sur le problème. Tout comme une beuverie, ça nous fait oublier, l'instant d'une soirée, mais le lendemain, ça donne la migraine. Les alternatives à court terme ne sont que rarement des solutions qui aident à avancer.

Donc, la prescription, c'est de ne rien faire, de s'asseoir et de simplement regarder la situation telle qu'elle est. Rien de plus, rien de moins. Cela est fort important, en toute honnêteté. Pour une fois dans sa vie, poser un regard de spectateur sur les évènements, ne pas tomber dans la «victimisation» et l'apitoiement sur soi. Se dire la vérité, tout simplement, voir la situation telle qu'elle est. Je crois que c'est la partie la plus difficile : se regarder dans le miroir et seulement constater ce qui est, la situation, le contexte.

Ma conjointe me quitte, alors voilà, elle me quitte. Ça fait mal en dedans, ça remet en question plein de choses en même temps, ça me déstabilise, ça me fait douter de la vie en général, des relations de couple, des rêves que j'ai associés à cette union. Suis-je une mauvaise personne? Pas nécessairement.

Si je regarde la vérité en face, je dois admettre que mon couple battait de l'aile depuis fort longtemps, et pour une multitude de raisons : les enfants, l'argent, la sécurité et le reste. Nous avons fait l'autruche tous les deux et voilà, elle quitte le navire. Pourquoi elle et pas moi? Peut-être parce que, dans la vie, j'ai tendance à être plus passif, moins enclin à prendre des décisions, à être celui qui regarde passer la parade et non celui qui y participe. Voilà donc maintenant une occasion de travailler cette facette de ma personnalité, ce qui me permettra peut-être de me sentir moins vulnérable dans le futur.

Seulement admettre ce qui arrive. Le temps n'est pas encore venu de fouiller pour tenter de tout résoudre. Être juste capable d'observer ce qui se passe, sans tomber dans les accusations, les regrets, les remords et se dire que tout le problème vient de l'extérieur, que j'en suis seulement la victime. Dans tout ce qui arrive, rien n'est lié à notre valeur humaine. Aussitôt que nous prenons cette attitude, nous venons de concéder aux autres toute la force et le pouvoir. Plus rien ne nous revient.

Nous sommes maintenant la victime de l'univers, et tout pouvoir de corriger quoi que ce soit s'est envolé. Il dépend des autres maintenant.

Bienvenue dans le monde des grandes personnes.

*

Nous sommes en premier lieu les créateurs de nos vies

La deuxième chose à faire, c'est de réaliser que nous sommes les créateurs de nos vies. Le rôle que nous décidons de jouer dans cette pièce de théâtre n'est écrit que par nous-mêmes et non par un scénariste quelconque caché derrière une porte, toujours prêt à nous mettre des bâtons dans les roues. La vie nous accompagne constamment dans nos choix si, bien sûr, nous décidons d'y participer. Si nous admettons que tout a un sens à la fin, qu'il n'arrive jamais rien pour rien. Toute personne, posant un regard sur son passé, racontera à quel point tel ou tel passage de sa vie a été difficile, mais aussi à quel point le résultat a été surprenant.

Laissez-moi ici vous raconter un certain voyage fait en compagnie de mes parents, à l'époque où j'avais environ douze ou treize ans.

Un classique chez nous pour le temps des vacances, c'était de partir pour ce que l'on appelait à l'époque « La petite Floride des pauvres », c'est-à-dire Old Orchard, Maine. Les Québécois adorent cette destination pas trop loin du Québec, vagues et sable au rendez-vous.

Six heures de route pour ne passer que trois jours là-bas, question d'économiser et de ne pas trop s'éloigner de la maison, car mes parents n'ont pas le voyage facile. Pour faire en sorte que ce soit simple, mon père nous réveille au petit matin, afin de partir tôt. Ma sœur et moi, on s'habille de peine et de misère, tellement nous sommes endormis, pour ensuite mettre le cap vers la frontière américaine. Pourquoi relaxer lorsqu'on est en vacances?

Ce matin-là, à peine quinze minutes de route derrière nous, voilà que ma sœur sent que son déjeuner tient à se présenter de nouveau, sans crier gare. Ma mère, aux commandes de l'auto, effectue une cascade digne des plus grands films de poursuites, et nous voilà sur l'accotement à soutenir la frangine dans tous ses efforts. Ici, je passe les détails, vous comprenez pourquoi. Les émotions passées et son estomac stabilisé, nous reprenons la route, direction beau temps, chaleur et plaisir, sauf qu'à ce moment, il pleut des cordes et le ciel est d'un noir menaçant. «Bon, gardons le moral», dit mon père, tandis que comme toujours, ma mère aurait préféré rebrousser chemin. À peine le temps de se remettre de nos émotions, quelque cinquante kilomètres plus loin, voilà que la directrice générale du véhicule détecte une odeur anormale d'essence. Loin de se dissiper, l'odeur augmente de façon inversement proportionnelle à l'indicateur d'essence qui, lui, commence à faire plier l'aiguille vers le bas. MAYDAY! MAYDAY! MAYDAY! Nous perdons de l'essence!

Tout ça n'a rien de rassurant, on le sent bien dans la voiture, autant à l'odeur qu'à l'atmosphère de plus en plus tendue. Il est cinq heures du matin, donc, rien d'autre à faire que de stationner le véhicule dans la cour d'un garage à l'entrée d'un petit village beauceron et attendre l'heure d'ouverture, c'est-à-dire vers les huit heures.

Ce n'est pas que mes parents ne sont pas vraiment doués pour amuser deux jeunes en manque d'activité, mais je n'ai qu'un vague souvenir de ces heures passées à attendre. Je ne me souviens que de la pluie, tel une douche sur le pare-brise. Un ciel qui nous tombe dessus, comme pour décourager la fine fibre «voyageuse» en nous et nous faire rebrousser chemin. On court vers un soleil incertain et tout ce que l'on peut voir de concret, c'est une pluie torrentielle. Finalement, trois heures plus tard, un bon vieux mécano se présente, un peu surpris de voir que la clientèle est déjà au rendez-vous, si tôt un samedi matin.

Le garage est sombre en raison du ciel couvert. On croirait que c'est la nuit et non le jour à l'intérieur de son l'atelier. Le capot de l'auto ouvert et le bruit incessant des milliers de litres d'eau tombant sur le pavé donnent une ambiance morbide à la situation. On attend donc impatiemment que le spécialiste ose se prononcer.

- Verdict?

- Un tuyau d'arrivée d'essence perforé.

- Réparable?

- Bien sûr que oui!

La pince dans une main, un tuyau de caoutchouc de fortune dans l'autre, le mécano ne prend que trente minutes pour trouver une solution à notre problème et faire ronronner le moteur à nouveau. Un peu moins d'argent en poche maintenant, mais la certitude d'une réparation correcte et fiable. Par contre, la fatigue, elle, se fait déjà sentir parmi les voyageurs. Il y a donc lieu pour un conseil de famille, une décision doit se prendre. Selon le carnet de bord du capitaine, la situation est la suivante :

1- Depuis notre départ, on a à peine roulé au total une heure sur les six du trajet.
2- Déjà deux pépins majeurs et beaucoup d'excitation pour pas grand-chose.
3- Le temps est plus que merdique et n'annonce rien de mieux à court terme.

-Donc, on rebrousse chemin, oui ou non? Lance mon père, sur un ton très réaliste.

En général, lorsque tout semble aller de travers, le premier réflexe est de ne pas poursuivre, d'abandonner et de revenir au point de départ, soit à quelque chose de connu. Mais parfois, un sentiment incompréhensible, hors de notre logique cartésienne, nous fait hésiter, voire foncer vers l'abîme.

Cette fois, c'est ce que mon père ressent. Tenant tête à l'insécurité maladive de ma mère, il décide de faire un homme de lui et d'orienter le navire, direction soleil, vagues, sable et bon temps. Je vous rappelle qu'un déluge « à rendre Noé inquiet » fait toujours rage à l'extérieur. Mais bon! bien que ma mère le menace pratiquement de vivre sur le balcon pour le reste de l'année, il prend le pari de sa vie et nous pousse à reprendre la route.

Cinq heures de bitume et quelques argumentations parentales plus tard (on s'éloigne rarement de la réalité, même en voyage), nous voyons finalement l'enseigne de notre hôtel… au travers d'un mur de pluie comme dans un film en noir et blanc des années 50.

- Yeah! Ce qu'on va s'amuser ici!!!!!!

Résignés, mais quand même heureux d'être arrivés en un seul morceau, nous nous installons dans notre chambre.

Voyage raté, me direz-vous? Oh! non! À peine deux heures après notre arrivée, comme par magie, les nuages se sont dissipés pour laisser place à un ciel d'un bleu parfait. Un ciel comme seuls un rêve d'enfant ou un philosophe de cégep peuvent se l'imaginer et ce, jusqu'à la fin des vacances. De plus, un hasard a fait en sorte que mes meilleurs amis se trouvent au même endroit, en même temps que moi. Une rencontre non planifiée, mais hautement appréciée. Le camp de vacances qu'est devenu Old Orchard! J'vous dis pas! De tous mes souvenirs de vacances, ceux-ci restent gravés dans ma mémoire comme étant les plus beaux de tous.

Se sont aussi imprégnées en moi, durant ces soixante-douze heures des valeurs qui, encore aujourd'hui, me servent régulièrement.

Ce sont les suivantes:

- Ne jamais confondre ce qui est et ce qui semble être.

- Savoir que, quelques fois dans la vie, les évènements débutent d'une drôle de façon, mais qu'avec un peu de persévérance et d'audace, ils peuvent fortement nous surprendre.

On a le choix : se décourager ou foncer malgré tout et créer, à partir de rien, quelque chose de nouveau. Prendre une situation hors de notre contrôle et la retourner à notre avantage, seulement par la façon de la regarder. La vie est remplie d'épreuves de toutes sortes et normalement imprévisibles. Transformons notre façon de percevoir ces rafales pour ne pas trop être décoiffé et pour pouvoir, ensuite, nous en servir comme moteur de propulsion.

À cette époque, je n'étais qu'au début de l'adolescence, mais ça m'est resté bien tatoué sur le cœur. À maintes occasions, j'ai pu traverser les épreuves de ma vie en me remémorant ce petit voyage éclair dans le Maine et tout ce soleil qui nous attendait au bout de la route.

-5-

L'estime de soi ou
la perception des autres

« La pierre angulaire de l'être humain, c'est l'estime de soi! »

Qu'on le veuille ou non, lorsque la vie nous frappe en plein cœur, c'est souvent notre estime personnelle qui en prend pour son rhume. Que ce soit une discorde, une perte d'emploi, un deuil. Aussitôt que la culpabilité s'installe, notre perception de nous-même en souffre rapidement.

1. On ne m'aime plus.
2. J'aurais dû faire mieux.
3. Je ne suis plus à la hauteur.
4. Je ne suis plus assez performant.
5. Ce que je suis, semble déranger.

Tout y passe! Le réflexe d'autoflagellation est bien ancré en nous. Loin de soi l'idée de se regarder droit dans les yeux, de se dire que la situation n'a peut-être pas qu'une seule interprétation, qu'un ensemble de facteurs et de circonstances fait en sorte que **voilà, tout change.** Cette idée-là ne nous vient pas naturellement. D'ailleurs, remarquez que j'utilise le verbe « changer » et non pas « s'écrouler »

Rien dans la vie ne s'écroule. Les choses ou les situations ne font que se transformer. Une perte d'emploi, une relation de couple qui se termine, un départ, un accident, et voilà que la vie d'une ou de plusieurs personnes va se transformer d'une façon ou d'une autre. Mais ce n'est qu'un changement.

À l'automne, l'arbre perd toutes ses feuilles, et lorsque l'hiver est bien installé, on pourrait jurer qu'il est mort. Pourtant, au printemps, l'arbre revit. Il est passé par une profonde transformation en suivant le cycle naturel de sa vie. Simplement regarder l'évènement d'un autre œil permet de dédramatiser en partie ou en totalité ce qui se produit.

Mais pour que cela soit possible, nous devons bien nous connaître, bien savoir qui nous sommes, sans quoi nous resterons dépendants de la perception des autres. Tout se joue sur l'estime de soi. Pourquoi sommes-nous si à l'aise à nous déprécier et si mal à l'aise à nous gratifier? Si quelqu'un de l'extérieur nous regardait en certaines occasions, il ne pourrait que constater l'ampleur du désastre.

1. Tendance à se déprécier?
2. Souffre-douleur des autres?
3. Ne peut prendre d'initiative?
4. Peur de l'échec?
5. Sentiment d'infériorité?
6. Peur d'avancer?
7. Victime des autres?
8. Culpabilité maladive?
9. Et le reste…

Et la justification? Comment réussit-on à justifier de façon si évidente ses peurs, ses limitations, sans douter du bienfondé d'une telle attitude? Ah! la culpabilité, ça nous connaît! Mais pas dans ce domaine, on dirait. Se trouver mille et une raisons pour rester le même, sauvegarder le statu quo, ça ne semble pas générer de culpabilité chez nous. Bizarre, vous ne trouvez pas?

Par contre, on est souvent à se demander pourquoi on laisse faire tout ça. Pourquoi accepte-t-on ces situations? Pourquoi fait-on du surplace constamment dans nos vies? Et même pourquoi retombe-t-on, toujours trop souvent, dans la même marmite? Pourquoi ce sentiment de perte de pouvoir? Pourquoi a-t-on l'impression constante que notre environnement décide pour nous et pas le contraire?

À mon humble avis, l'estime de soi est **LA** chose la plus importante à équilibrer pour espérer se guérir à long terme. Et comme point de départ, encore une fois, je nous ramène à CET ÊTRE si souvent oublié et laissé pour compte, c'est-à-dire SOI-MÊME. Qui suis-je? Que suis-je? Qu'est-ce que je veux vraiment? Quelles sont mes qualités, mes forces, mes faiblesses? Quelles aptitudes me représentent le mieux? Quelles sont mes compétences, mes valeurs? Mais surtout : QU'EST CE QUE JE MÉRITE?

Comment peut-on mériter quelque chose, une promotion, l'amour des autres et le respect si, au départ, il nous est impossible de se l'attribuer soi-même? Comment puis-je convaincre mon patron de ma valeur marchande si, en entrant dans son bureau, je ne me donne même pas moi-même l'augmentation désirée? Comment être convaincu de mes arguments lors d'une discussion, lorsqu'au fond, face à autrui, je me suis toujours trouvé nul et sans connaissances générales? Comment être intéressant auprès des gens qui m'entourent si je ne peux même pas passer une soirée seul avec moi-même sans m'emmerder? Comment ne pas se voir comme une victime lorsqu'on s'attribue tous les travers des autres? Comment pouvons-nous affronter les mauvais passages de nos vies avec une valeur marchande fondée uniquement sur le regard des autres?

Avoir un compte en banque rempli seulement des offrandes de ses pairs nous rend vulnérables aux premières tempêtes boursières et nous met rapidement en état de grande nécessité. Comment pourrions-nous subvenir à nos propres besoins si nous ne sommes pas de ceux qui créent l'abondance et qui génèrent les revenus? Si nous sommes plutôt de ceux qui attendent l'aumône de l'extérieur.

En premier lieu, nous devons reconnaître en nous cette vérité et comprendre qu'elle n'est pas nouvelle. Qu'elle est bel et bien une façon de fonctionner, acquise au fil du temps, probablement depuis notre tendre enfance! Cette attitude s'est immiscée sans s'annoncer et fait en sorte qu'aujourd'hui, face aux situations difficiles de la vie, nous sommes sans ressources, bien peu préparés à survivre face à la tempête.

Pour plusieurs d'entre nous, nous avons grandi sous l'influence judéo-chrétienne. On nous a fait croire que nous étions tous pécheurs, petits et dignes de pas grand-chose. Même si, aujourd'hui, la religion est beaucoup moins présente dans notre quotidien, reste le fait indéniable que, de génération en génération, ces croyances se sont transmises, ces valeurs qui en démontrent encore l'essence profonde. Des comportements créés par certaines doctrines de l'époque se perpétuent encore de façon inconsciente dans la collectivité. Ils influencent encore nos façons d'être et d'agir.

Vous rappelez-vous la phrase encore et encore répétée à l'église? *« Seigneur, je ne suis pas digne de vous recevoir, mais dites seulement une parole et je serai guéri. »*

Ça, ça vous arrange une estime de soi!

En partant, ça dit déjà que je ne suis pas digne de l'amour « inconditionnel » de Dieu. Ici, on dit bien « inconditionnel », n'est-ce pas? Si je ne suis même pas digne d'un amour inconditionnel, alors je n'ai pas grande valeur aux yeux de l'ÊTRE SUPRÊME. Imaginons ensuite le résultat face à nos frères de sang.

« Dieu n'éprouve que ceux qu'il aime. »

Encore une phrase qui nous maintient sur la route de la victime parfaite. De plus, pour mériter cet amour, il nous faudra peiner et souffrir. Il ne sera pas gratuit. On s'éloigne encore de l'inconditionnalité de l'amour dit « universel.

Ensuite, ce sont nos origines de colonisés qui ont martelé en nous certaines phrases assassines telles que :

« Quand tu es né pour un p'tit pain, tu vas mourir pour un p'tit pain. »

« Qui sommes-nous, petit peuple, pour comprendre? »

« Ça va trop bien, y a sûrement une tuile qui va nous tomber sur la tête bientôt!»

« Un malheur n'arrive jamais seul ».

En voulez-vous d'autres?

Alors, on est indigne et, en plus, on ne pourra jamais rien y changer. Tout vient de l'extérieur, jamais de nous. Nous sommes donc des victimes des autres en permanence, incapables d'y changer quoi que ce soit, et seulement une force extérieure pourra nous sauver, nous libérer. Selon SA bonne volonté bien sûr, car nous, on n'a rien à voir là-dedans.

J'ignore si vous êtes comme moi, mais à mon époque, au temps où je n'étais qu'un enfant, nous devions tous être « de bons petits garçons ou de bonnes petites filles bien élevés ». Cela impliquait de rester toujours polis en public, de ne jamais rien dire de blessant aux autres, de ravaler certaines paroles, de toujours laisser notre place au profit d'un voisin, de ne pas nous affirmer, car, bien sûr, cela pouvait déplaire et blesser quelqu'un quelque part. Si nous entrions dans ce moule bien ordonné, l'amour de nos parents, l'amour des autres et le respect de tous nous étaient garantis… nous disait-on! Moi, j'ai grandi avec ces valeurs et je vous jure que, dans toutes choses que j'entreprends, je suis passé maître dans l'art d'être un « bon petit garçon ».

Ai-je été aimé par la suite? Non, pas vraiment. Apprécié de tous, en toutes circonstances? Oui, mais conditionnellement aux demandes des autres. Respecté? Oui, mais… Il semblait toujours y avoir une condition, toujours en lien avec les autres, jamais avec mes convictions profondes, jamais avec ce dont j'avais vraiment besoin.

Toutefois, je me considère chanceux d'avoir reçu de la vie un caractère fort qui m'a un jour permis d'affronter, en pleine face, ces principes ostracisant. Autrement, je suis convaincu, encore aujourd'hui, que ma vie serait fort différente. Par contre, je suis conscient des efforts à déployer par tout un chacun, des années qu'il faut pour se convaincre du contraire de ce qui nous a été enseigné, martelé, programmé. Du travail acharné pour s'accrocher à ces rares détails, à ces petites victoires qui nous aident à poursuivre sur la bonne voie.

Non! Nous ne sommes pas de « moins bonnes personnes » si nous avons une opinion différente, si notre perception ne correspond pas à la norme établie, si nous sommes contre ou si nous exprimons une insatisfaction qui nous préoccupe. Au contraire, nous devenons des personnes à part entière, orientées, confiantes en nous-mêmes et même prêtes à faire des erreurs tout au long du voyage. Oui! Faire des erreurs et les admettre. S'il y a une conséquence à l'éducation que nous avons reçue, c'est bien celle d'avoir formé des gens si enclins à fuir la probabilité de faire des erreurs. Et l'erreur, comme je vous le disais au début, ça me connaît!

Bien sûr, je comprends très bien que d'admettre une faute, c'est, par le fait même, reconnaître ses faiblesses, admettre ses imperfections, s'autoflageller sans que personne ne nous le demande. Qui cherche vraiment à se présenter sous une façade peu reluisante, imparfaite? Si on le fait, qui va nous aimer? N'oubliez pas que l'amour des autres est directement lié à ce que nous leur donnons, à ce que nous leur fournissons.

Mais se réapproprier sa valeur, son pouvoir, c'est aussi devenir faillible, humain. C'est se regarder et se dire que oui, je crois faire la bonne chose, je crois poser le bon geste, mais c'est aussi de dire que si le résultat n'est pas au rendez-vous, je recommencerai, tout simplement, sur de meilleures assises. Se dire que tout ce processus n'est qu'un apprentissage, que personne ne va mourir ou être foutu au donjon pour l'éternité. Enfin, plus aujourd'hui!

Je vous pose une question : est-ce qu'un fruit a plus de valeur qu'un légume?

Certains diront que l'un et l'autre contribuent, quoique différemment, à l'apport en vitamines, sucre et énergie. Même sans être un diététicien, il est facile de comprendre que ni les fruits ni les légumes ne dominent le classement en ce qui a trait à leur importance pour notre santé. Chacun remplit son mandat à sa façon, et ils se complètent parfaitement pour garder notre corps en équilibre. Nous avons assurément besoin des deux.

À notre façon, chacun de nous est un fruit ou un légume (certains, plus que d'autres, j'en conviens)... LOL. Nous sommes tous différents les uns des autres. Personne n'a plus d'importance ou n'est supérieur à son voisin. Imaginez, demain matin, une société qui serait uniquement constituée d'anarchistes. Plus personne à l'heure, tout le monde en train de créer partout sans s'occuper du lendemain, de se foutre des lois, des concepts. Plus de cartésiens pour planifier, pour organiser les infrastructures. Le bordel total, quoi!

À l'opposé, imaginez une ville sans manutentionnaire, sans col bleu. Plus de livraison, de réparation et d'entretien à nulle part. Seulement des penseurs qui ne font que penser. Pourquoi pas une société composée exclusivement de décideurs, de leaders, seulement des gens pour gérer, orienter, planifier?

Une ville en équilibre est composée de tous ces gens, tous différents, d'éducation différente, de forces physiques diverses, de grandeurs, de grosseurs, de couleurs, de potentiels aussi différents les uns des autres. Et il est primordial que tout soit comme cela pour le bon fonctionnement des lieux et pour que chaque individu ait l'opportunité de s'épanouir normalement.

Il y a quelques années, un ami à moi possédait un jeu d'ordinateur qui simulait la gérance d'un hôpital. Un genre de simulateur virtuel interactif, nous laissant tous les droits et se déroulant en temps réel devant nos yeux. On devait engager des infirmières, des médecins, acheter de l'équipement médical pour permettre à tous ces gens de soigner, agrandir le bâtiment pour répondre aux besoins, modifier l'urgence si trop de patients se présentaient en même temps, et le reste, et le reste. On s'occupait de tous les travaux, dans les moindres détails, en choisissant menuisiers, plombiers, électriciens, gérant les entrées et les sorties d'argent. Nous étions dans la peau d'un vrai gestionnaire, quoi!

Un jeu passionnant sur plusieurs aspects. Tous ces corps de métier étaient vraiment importants et, sans eux, ce centre hospitalier ne pouvait fonctionner convenablement. Même un préposé au stationnement devenait primordial pour régulariser le flot de visiteurs de plus en plus nombreux lors des heures de visite.

Tout au long du jeu l'équilibre semblait s'installer dans notre petit hôpital virtuel. Chaque petit bonhomme vaquait à ses occupations, interagissait avec les autres, remplissait ses tâches spécifiques en totale harmonie. Le budget était en équilibre, les décès peu nombreux. Finalement, nous pouvions faire du bon boulot comme administrateurs et mériter notre médaille.

Soudainement, à notre grande surprise, notre organisation se transformait en un hôpital en folie où plus rien ne fonctionnait correctement. Une tour de Babel où plus personne ne semblait savoir quoi faire. S'ajoutait à cela une épidémie qui rendait patients et soignants non fonctionnels, des corridors encombrés de déchets, engorgeant encore plus les opérations quotidiennes. En fait, comme planificateurs, un léger détail nous avait échappé : notre centre fonctionnait sans aucun concierge!

Donc, personne ne s'occupait de ramasser quoi que ce soit. Tous produisaient des déchets, mais personne ne s'occupait de nettoyer. Ce qui s'ensuivait était abominable. Propagation de virus, des rebus partout dans les chambres, dans les corridors et les salles d'attente. Les infirmières se blessaient en marchant et devaient s'absenter, donc s'ensuivait un manque de personnel. Des visiteurs tombaient malades. Les médecins étaient débordés. La saleté s'accumulait partout…

Un seul petit oubli de notre part et notre hôpital était devenu dysfonctionnel. Un concierge, un simple concierge, manquait à notre simulation, et nous devions fermer le centre. Le jeu se terminait ainsi, nous avions perdu.

Vous voyez que, dans ce que vous êtes, **vous êtes important**. Peu importe le travail que vous faites, vos passions, vos intérêts, vos qualités, vos défauts, chacun prend la place qui lui revient et aide à former l'ensemble, le grand puzzle d'une société en équilibre. Vous êtes, vous, avec toutes vos forces et vos faiblesses, indispensables à la collectivité et à son développement. Par ce que vous vivez, apprenez et expérimentez, vous représentez un apport important pour le vécu de tout un chacun, car, qu'on le veuille ou non, nous ne formons qu'UN dans le grand TOUT de l'Univers. Nous avons besoin des forces de notre voisin autant qu'il a besoin des nôtres.

J'ai toujours été un adepte de ce que j'appelle « l'individualité ». Non pas devenir un être qui ne se soucie que de sa petite personne, mais plutôt quelqu'un qui sort des rangs préétablis. Une personne consciente de sa spécificité, vivant en totale harmonie avec ses différences au sein de sa communauté. Être son propre chemin. **Devenir qui l'on est**.

Dans le livre de Wayne W. Dyer intitulé « *Inspiration* », je suis tombé sur le segment où il citait l'histoire de Leo Buscaglia décrivant justement cette fâcheuse habitude de notre société d'écraser et de dévaloriser les gens qui y habitent. Je ne peux m'empêcher de vous la raconter à mon tour. Au fond, on ne réinvente jamais la roue, on s'en sert en espérant, bien humblement, l'améliorer. Alors, voici donc l'histoire.

« Un jour, les animaux se rassemblèrent dans la forêt et décidèrent de créer une école. Il y avait un lapin, un oiseau, un écureuil, un poisson, une anguille et, ensemble, ils fondèrent le ministère de l'Éducation. Le lapin insista pour que la course fasse partie du programme scolaire. L'oiseau, pour sa part, demanda que l'apprentissage du vol soit obligatoire. Le poisson suggéra qu'on ajoute la natation, et l'écureuil, l'escalade des arbres. Toutes ces idées furent assemblées et c'est ainsi que fut élaboré le Programme d'études. De plus, on décréta que tous les animaux devaient apprendre toutes ces disciplines.

Le lapin obtint facilement un « A » à la course, mais il éprouvait de la difficulté à grimper aux arbres. Malgré tous ses efforts, il retombait toujours lourdement au sol. Un jour, il se blessa à la tête et ne fut plus jamais le même. Alors qu'auparavant il était toujours bon premier à la course, il devait maintenant se contenter d'un « C ». Quant à l'escalade des arbres, sa note habituelle, « F » pour échec, demeura inchangée. L'oiseau, pour sa part, volait magnifiquement au début des classes. Au sol, par contre, il se déplaçait laborieusement. Il se brisa le bec et les ailes en rampant, de telle sorte qu'il cessa de briller dans les airs. Il devint médiocre en vol, échoua à la course et continua d'éprouver d'insurmontables difficultés à grimper dans les arbres.

À la fin de l'année scolaire, contre toute attente, le premier de la promotion fut l'anguille. C'était l'élève le moins brillant du groupe, celui qui faisait tout à moitié et qui réussissait tant bien que mal. De leur côté, malgré tout, les éducateurs étaient heureux, car les élèves avaient étudié tous les sujets et avaient bénéficié, selon eux, « d'une culture générale ».

Il faut arriver à retrouver son pouvoir personnel, se le réapproprier et ne plus attendre le regard de l'autre pour se sentir valorisé, unique. Votre valeur personnelle est déjà présente sans que personne ne vous regarde. Vous êtes quelqu'un de bien, rempli de qualités, avant même qu'on vous complimente. Soyez rebelle, intransigeant et maintenez le cap. Malgré les pressions extérieures, devenez un individu autonome, quelqu'un qui peut compter sur ses propres ressources, sur ses propres forces. Un être capable de vivre à contre-courant. Quelqu'un qui sait quoi faire lorsque son parcours l'amène loin des sentiers battus, même si ses proches s'opposent à la voie qu'il emprunte. Confiant en votre instinct, la liberté vous appartient.

Il faut apprendre à bien se connaître, se voir tel que l'on est et bâtir là-dessus. Établir ses assises sur soi-même et non sur ce que l'on nous présente de l'extérieur. Combler ses lacunes, en commençant par les reconnaître, les accepter comme faisant partie de soi, et ensuite les réparer, les solidifier. Il faut d'abord répondre à ses propres demandes avant de combler celles des autres. Avec le temps, ceci nous rendra moins vulnérable et s'amorcera la conquête de notre estime personnelle, basée cette fois sur ce que nous sommes et non sur ce que les autres pensent de nous. Commençons par **NOUS MÉRITER NOUS-MÊME!**

-6-

Coupable d'être coupable

Je l'avoue, j'ai toujours voulu aborder ce thème. Comme on pourrait dire : un petit plaisir « coupable ». Pas nécessairement pour en faire une thèse complète, car pour rien au monde je ne m'apposerais l'étiquette de psychologue. Mais mes observations sur la culpabilité somme toute recevront, je le souhaite, un accueil favorable chez vous, cher lecteur. Car au fond, on est tous dans le même bain face à cette impression si désagréable. Chaque jour confronté à le vivre soit de près ou de loin.

Cette chère culpabilité! Un phénomène qui semble avoir imprégné l'être humain jusqu'au plus profond de sa moelle épinière, pouvant trouver racine dès les premiers instants d'une vie. Mais pourquoi nous sentons-nous coupables?

Coupable de quoi?

Pourquoi, au moindre commentaire venant de l'extérieur, d'une amie, d'un parent, voire d'un étranger, nous sentons aussitôt en nous ce malaise s'installer? Est-ce un réflexe inné ou acquis? Je veux dire par cette expression : sommes-nous nés comme ça ou c'est l'ensemble de notre expérience humaine qui a forgé ce genre de comportement malsain? Est-ce éducationnel ou culturel?

Une chose est claire pour moi, c'est que ce sentiment existe concrètement et n'apporte que malaise et souci. Il nous brime et ne génère rien de bon.

Je ne crois pas que nous naissions « coupables » de quoi que ce soit. Par contre, très tôt dans la vie, nous sommes exposés à une dynamique relationnelle plus ou moins intense au niveau familial nous obligeant à réagir et à construire certains ponts avec l'extérieur, question de pouvoir interagir avec le monde qui nous entoure. Sans jeter la pierre à qui que ce soit, il faut se rendre compte que, chez un individu, la culpabilité nait dès la jeune enfance.

Nous avons tous été témoins de parent interagissant avec le nouveau-né, les premiers échanges gestuels, les premiers calins, gilili, nanana, et autres. Une relation embryonnaire, l'un tentant de décoder l'autre, autant chez le père, la mère que l'enfant lui-même en ses propres limites. Et n'oubliez pas le premier rire obtenu grâce à des efforts intenses, à de multiples grimaces, bruits bizarres et autres subterfuges. Enfin un vrai contact parent-enfant. Le premier lien de communication établie entre ces êtres par l'expression commune d'un sourire.

Je crois fermement que l'enfant ne réagit pas réellement en souriant à la suite d'une mimique du père ou de la mère, mais que c'est plutôt une contraction musculaire en réponse à un stimulus externe. Il apprendra éventuellement que cette dite contraction se nomme en français « sourire », en anglais « smile », etc., et que l'on s'en sert chez les humains pour exprimer un état d'être à la suite d'un geste, un mot, une observation, la manifestation d'un sentiment de bien-être, de contentement. Cela fait très cartésien comme définition, mais bon! À l'âge de six mois, on n'est pas encore rendu à rire aux éclats lors d'une pièce de Molière. Par contre, si les parents manifestent leur joie à gorge déployée pour ce même spectacle, il est normalement bien venu de contracter cesdits muscles faciaux et de constater que soudainement l'attention se retourne en totalité sur nous. Chose à ne pas négliger lorsque l'on est un enfant en pleine découverte de ses pouvoirs interactifs.

Par contre, ici, germe chez le petit ce qui le suivra le reste de sa vie lors de ses rapports interpersonnels. En cette période de grande légèreté, se programmera dans son ordinateur personnel une dynamique relationnelle précise qui d'ores et déjà l'amène à vivre de bien grandes émotions. Je m'explique.

Présentons ici une mère qui tente par tous les moyens de faire manger son nourrisson. Bien sûr, elle est consciente qu'elle doit l'alimenter selon les normes, tout ça en lien au développement normal du poupon. Mais elle est aussi consciente de la pression extérieure qui s'acharne sur elle en tant que nouvelle maman. Qu'est-ce que les gens de la famille vont dire s'ils constatent que le poupon ne reçoit pas en quantité suffisante les nutriments propices à son développement, ce qui est prescrit par les spécialistes, le gouvernement, la société en général. Quel genre de mère sera-t-elle d'avoir enfreint les « lois » de la saine alimentation chez les nouveau-nés? Il devient donc impératif, selon les règles, que l'enfant absorbe tout ce qu'elle lui propose.

Sa diète en ce moment est constituée de ceci, cela, un peu plus de cette purée verte, de ce liquide jaunâtre, etc. Pas toujours alléchant pour lui, surtout lorsque ce jouet d'un rouge vif placé juste à côté semble lui murmurer à l'oreille : Prends-moi! Prends-moi! Joue avec moi! L'importance de manger passe donc au second plan et la mère cherche par tous les moyens à terminer l'assiette. C'est alors que la joute débute :

- allez fiston, mange encore une bouchée pour maman, implore la mère.

- pas question! J'en ai déjà trop avalé. C'est dégueulasse cette bouette! (on imagine ici)

- allez, un p'tit effort, cesse la grimace!

- y a une grimace parce que je n'en veux plus un point c'est tout. Laisse-moi jouer!

- encore une et maman sera satisfaite (un grand sourire au visage), sinon maman va être très très fâchée (mimique associée)

- oh? Maman sourit. Et quand elle sourit, elle m'aime encore plus. Normalement, avec ce sourire, tout va bien.

Maman ne sourit plus, papa non plus... y a quelque chose que j'ai probablement fait de travers.

- bon d'accord, une cuillère et c'est terminé, je n'avale plus rien!

- voilà! gentil garçon à sa maman! Je t'aime tellement mon p'tit loup.

- Et ça, je viens de bien le comprendre, ne t'en fais pas! se dit inconsciemment l'enfant.

Dans ce genre de situation, on peut s'imaginer une multitude de scénarios. Je m'amuse avec celui-là, car je tiens à vous allumer sur quelques points importants. Je sais très bien qu'un poupon de six mois ne réfléchit pas de cette façon, n'analyse en rien ce qui est dit et pourquoi. Et voilà au fond où se trouve le danger pour lui. Il ne fait qu'associer des éléments selon ses ressentis et s'ancrent en lui les résultats. Exemple :

- Maman sourit — maman s'occupe de moi = **je me sens bien.**

- Maman monte le ton — insiste = **je ressens un malaise.**

- Maman sourit lorsque je prends ma bouchée — maman est bien = **je me sens bien.**

- Maman ne sourit plus ou maman pleure = **je ne me sens pas très bien.**

Voilà les premières sensations de culpabilité. L'enfant finit par associer ce qu'il voit comme réaction extérieure à son attitude à lui. Qu'il semble être la source, le responsable de l'état émotif de l'autre. Il est gentil et agréable, les gens sont souriants et en retour, il se sent aimé, reconnu, apprécié. En contrepartie, s'il ne répond pas favorablement aux exigences extérieures, son bonheur ainsi que celui de son entourage semblent perturbés. Très tôt dans la vie, on nous place dans une situation où l'évidence même est de constater que : ***nous sommes responsables du bonheur des autres.***

Nous obtenons de bonnes notes à l'école et nos parents sont heureux. Et s'ils sont heureux, on peut s'attendre à un retour du pendule, un de ces jours. À tout le moins, on a un très bon point en notre faveur pour de futures négociations. On revient à l'heure convenue à la maison et c'est encore la même dynamique. On a loupé un rendez-vous et fait en sorte que la famille a dû retarder une activité de groupe et nous voilà en mode culpabilité. Dès notre jeune âge, elle fait partie intégrante de notre dynamique relationnelle et éducationnelle. Je pose un geste, il y a une conséquence et je me sens bien ou dérangé. Tout dépendant du résultat. Un résultat souvent orienté par la réaction ou l'attitude d'une tierce personne. Rarement en lien à ma propre interprétation. Comme si je suivais toujours le reflet de la perception des autres, qu'ils sont le barème qui détermine le bien du mal, agissant ainsi sur mes propres émotions. Notre intention de départ n'a que rarement d'effets sur la perception extérieure. Même bien intentionné, le résultat peut devenir catastrophique. Mais pourquoi se sentir coupable? Coupable de quoi au juste?

Au retard constaté de l'adolescent, le reste de la famille pouvait tout simplement s'orienter autrement, prendre une décision autre, changer le plan de match. Ils auraient pu quitter et laisser pour compte celui ayant manqué de jugement, le plaçant face à face à son manque de respect et aux conséquences associées à son attitude.

En fait, ce que j'avance, c'est que la culpabilité vient de l'attitude extérieure, de cette emprise qu'a la perception des autres sur nous et notre sensation de bien-être ou de mal-être. Que nous manipulons inconsciemment la personne en face pour toutes sortes de raisons, toujours en lien avec notre propre bien-être.

Le jeune ado ici présent reçoit le jugement et la colère de sa famille. Oui cette attitude groupée a pour effet probablement de le faire sentir extrêmement coupable. Coupable d'avoir gâché une partie de la journée, coupable de les voir fortement dérangés, tous en colère contre lui. Par transfert et pour une question d'éducation, on tient à ce qu'il se sente coupable. Qu'il en retienne quelque chose, une expérience, un apprentissage quelconque. On se décharge ici sur lui d'une frustration en se déculpabilisant soi-même dans le but de faire son « éducation ». Ce qui n'est pas non plus sain comme attitude de la part du groupe.

Par contre, est-ce que l'apprentissage aurait été plus efficace si, sans dire un mot, la famille l'avait tout simplement laissé derrière, à vivre et prendre conscience de ses erreurs?

N'aurait-il pas su cheminer sans l'apport écrasant d'un groupe en mal d'inquisition?

Peut-être que si, peut-être que non. Tout dépend de sa capacité à se regarder et à cheminer. Certains individus sont plus enclins à déposer sur les épaules d'un autre leurs propres responsabilités que d'en assumer le poids. Est-ce que le groupe aurait lui-même vécu de la culpabilité en le laissant derrière, craignant qu'il lui arrive quelque chose de dramatique?

La « conséquence » aurait été son professeur. Un enseignant plus qu'intransigeant et qui malheureusement pour nous ne lâche jamais prise. S'acharne jusqu'à la note finale du concerto. Et c'est pour cette raison que nous n'avons en rien à provoquer la culpabilité chez l'autre. Seulement constater et gérer soi-même ses émotions en est le point de départ.

Le fait que le groupe se responsabilise lui-même face à l'attitude à adopter alors qu'ils constatent l'absence du cadet, qu'ils reprennent tout leur pouvoir sur ce qu'ils vivent sans se laisser déranger par l'inconvénient du retard, aurait pu faire en sorte d'alléger la situation. N'aurait en rien justifié la charge émotive dirigée vers l'adolescent, n'aurait apporté aucune culpabilité chez lui ni chez eux et, au contraire, l'aurait placé face à lui-même et aux conséquences de ces actes.

Comme dans toute situation telle que racontée ci-haut, nous jouons sur deux concepts : le bien ou le mal. Ce que j'appelle « le correct et le pas correct ». Une invention inconsciente de l'homme pour mieux manipuler et arriver à ses fins. L'être humain est passé maître dans l'art de manipuler les émotions. Partout en société, dans nos familles, nos relations de couples, nos liens amicaux, en milieu professionnel, nous utilisons la manipulation comme arme, question d'obtenir ce qui nous semble juste.

La manipulation est l'arme que nous avons développée pour nous déculpabiliser. De cette façon, le malaise est maintenant retourné sur l'autre et non sur soi.

Vous avez déjà observé un jeune enfant en retrait, le visage triste, affichant quelques larmes à la suite d'un refus de la part des parents en lien à un comportement dérangeant? Eh! bien, il est en pleine séance de manipulation. Une représentation théâtrale a lieu. Il tente de faire tellement pitié, de jouer sur vos cordes sensibles, sur votre culpabilité parentale. Cette peur d'être perçu de l'extérieur comme le mauvais parent. De ne pas être « correct », voir même : ne plus être AIMÉ. Il espère qu'en fin de compte vous craquerez et qu'il obtiendra l'objet convoité, la permission désirée.

Je devais avoir six ou sept ans à l'époque, nous étions en visite chez mes grands-parents. Ma mère venait tout juste de m'interdire un je ne sais quoi. Me sentant royalement frustré de sa réponse, voyant aussi la famille réunie célébrer la victoire parentale lors de cette dernière argumentation, ma réaction fut tout en couleur. Le besoin de retrouver un certain pouvoir face à l'adulte, ainsi que devant ce public ici présent devenait grandement important pour moi. Non je ne perdrais pas la face de cette façon. C'est donc de toute ma prestance de six ans que j'envoyai ma mère paître sans retenue. Et vlan, dans les dents! Donc en quelques mots je prenais cette frustration et ce sentiment de culpabilité ressenti en lien aux gestes qu'on me reprochait et je transférais le malaise à ma mère.

Le but était atteint. Elle était chavirée. Non en colère, mais décontenancée. J'avais créé un doute sur ses agissements, sa valeur personnelle, sur elle-même. Pourquoi méritait-elle ce manque de respect de la part de son propre fils? Un enfant qu'elle éduquait du mieux qu'elle le pouvait. Aussi les doutes comme : ai-je mal agi? Étais-je trop rigide avec ma réponse? N'oubliez pas que le tout se passe devant public ici. La frappe était double. Qu'allaient-ils penser de son autorité ainsi bafouée? Perdrait-elle toute crédibilité?

Mon problème par la suite fut que mon père, lui, n'a pas songé un seul instant à sa propre culpabilité de m'en foutre une en pleine poire. Eh! oui, devant toute la galerie. Pas de DPJ pour venir me sauver.

Morale de l'histoire, on peut toujours penser que l'on peut transférer sur l'autre ses problèmes, mais au tournant, un de ces jours, un plus fort pourra surement te remettre ce qui te revient de droit.

Les adultes sont semblables aux enfants, juste un peu plus subtils dans l'expression de la manipulation. On ne peut être différent, on a tous appris les rouages, les techniques éprouvées de nos parents déjà inconsciemment passés maîtres dans l'art de jouer avec nos sentiments.

Tu veux que l'on t'aime? Sois ceci, sois cela.

Tu désires de la reconnaissance? Sois performant, travaillant, ne demande rien en retour.

Tu veux être apprécié de tes pairs? Reste toujours souriant et serviable.

Tu veux une relation durable, harmonieuse? N'aborde pas les problèmes, achète la paix.

Sois un bon garçon, ou sois une bonne fille!

Et soyez certain d'une chose, je ne lance en aucun temps la pierre à nos parents, même si cela semble le cas. Comment peut-on reprocher quelque chose à quelqu'un qui ne fait que ce qu'il croit être « bien »? Par contre, il n'est pas interdit de constater et commenter certaines lacunes, question de mieux en comprendre les rouages et répercussions dans nos vies présentes.

À l'époque où, à mon travail, il y avait une fusion syndicale, tous tentaient d'influencer leurs collègues pour qu'ils adhèrent à un groupe plus qu'à un autre. Croyant posséder LA vraie formule syndicale, il n'était pas rare de marcher cent pas et d'être interpellé par un confrère en quête d'adhésion.

Une amie entre autres un certain matin, cordiale et arguments à l'appui, se trouvait très convaincante. Une phrase n'attendait pas l'autre, son esprit cartésien et vif, fort bien enraciné, croyait franchement crier victoire. Surprise de ma réaction défavorable, je la sentis se braquer. Première étape du processus de manipulation ici. On s'impose physiquement.

Encore quelques phrases bien répétées, deuxième tentative pour me convaincre et c'est à nouveau l'échec. Je reste sur mes positions. Trouvant même encore plus de contradictions dans sa présentation probablement rendue à une étape jamais atteinte auparavant.

Ne croyant probablement plus aux chances que je me joigne à son groupe, ressentant probablement un tantinet le malaise d'avoir échoué, comme s'il y avait une quelconque importance à tout ce cirque, elle me brandit la phrase assassine : *Ben Normand, là tu me déçois sincèrement!*

Prenez ma place un instant. Je vous offre mes souliers et vous demande en toute objectivité : quelle aurait été votre réaction à ce commentaire?

1- Auriez-vous ressenti un malaise? Si oui, ce malaise aurait-il mis en doute vos convictions syndicales au point de changer d'allégeance?

2- Auriez-vous soudainement douté de vos opinions, allant même à croire que finalement elle devait avoir raison et vous, probablement être dans l'erreur?

3- Ou, tout comme moi, auriez-vous laissé paraitre un large sourire lui démontrant qu'à cet instant précis cela représentait pour vous une tentative très mal déguisée de manipulation émotive?

Car au fond, c'est tout ce que c'était. Tenter de me faire sentir coupable de ne pas être à la hauteur de ses attentes (estime de soi). Que soudainement je ne sois plus admis dans le club « sélect » de gens qu'elle apprécie (besoin de reconnaissance). Qu'en raison de cette déception, elle me rejette (besoin d'être aimé).

Dans ma tête, il est franchement clair que je n'ai pas à lui plaire sous aucune considération. On n'a pas à plaire à qui que ce soit. Je peux la respecter, l'aimer, l'apprécier, mais non point lui plaire. D'ailleurs, il est impossible d'être aimé de tous. Alors, imaginez le problème que nous aurions à faire ceci pour telle personne, cela pour une autre et le contraire pour une troisième. Par contre, je suis conscient que cela défait brutalement des concepts bien établis en notre société. *Être un bon p'tit gars, une bonne p'tite fille!*

Par cet exemple, voici présentée la fondation absolue de l'Être humain, en ce qui me concerne. Sous toutes ces couches, ces pelures d'oignon, se cache la pierre angulaire qui nous définit tous. Nonobstant les religions, la culture, la géographie.

L'être humain possède trois grands talons d'Achille. Eh! oui, deux pieds, mais trois talons : ce besoin d'amour, de reconnaissance et une estime de soi souvent défaillante.

Vous me direz que la nouvelle génération pour sa part n'a pas vraiment de lacunes en ce qui a trait à l'estime personnelle. Un aspect de leur personnalité « *boostée* » à la testostérone par l'éducation reçue. La génération des enfants-rois, fautifs de rien, confiants et surévalués lorsqu'ils se regardent dans un miroir. Je vous dirais qu'il y a toute une différence entre afficher une attitude et pouvoir la maintenir alors que des évènements hors de notre contrôle surviennent. Je ne suis pas si certain que cette supposée estime ou confiance en soi soit édifiée sur des bases bien bétonnées. Qu'elle ne soit qu'une réaction défensive à de grandes lacunes. Qu'en tout temps, ils pourront maintenir cette affirmation sans pour autant réaliser un jour qu'il y a plus que l'apparence. Mais bon, ceci est un tout autre sujet.

A. Maslow avec sa légendaire pyramide avait établi que l'être humain possédait certains besoins de base qu'il devait absolument combler avant de pouvoir passer aux besoins de catégorie supérieure.

S'alimenter constituait à lui seul le besoin de base le plus criant, incontournable. Personne ici ne s'y opposera n'est-ce pas? S'ensuivait le besoin de sécurité, de pouvoir vivre quotidiennement dans un état sécurisé, en l'absence de potentielle agression soit physique ou psychologique ou morale. Ceci se traduit autant dans les sphères personnelles, sociales que professionnelles. Une relation stable, un emploi stable, un lieu de résidence déterminé et des amis sur qui on peut compter.

Parvenu au troisième niveau, voilà que le besoin d'aimer et d'être aimé apparait. Sans contredit, le besoin le plus associé à l'être humain. Cette capacité d'avoir des sentiments, des émotions et surtout de pouvoir les interpréter. L'intelligence nous donne ce grand pouvoir d'analyse.

Grand amant des animaux, je suis quand même en accord avec les spécialistes qui affirment que nos compagnons poilus sont aussi habilités à aimer et à ressentir certaines émotions. Par contre, on s'entend bien ici que par rapport à la race humaine, il doit y avoir une certaine distinction. Notre capacité de réfléchir, d'intellectualiser les sentiments et les émotions, nous distingue des animaux. En même temps elle réussit normalement à très bien embourber le tout et nous rendre la vie plus que compliquée sur tout ce qui a trait aux affaires du cœur. Voilà une caractéristique où j'envie les animaux au plus haut point. Avec eux, ça reste simple.

En quatrième niveau nous voilà avec ce besoin de reconnaissance. L'endroit où nous tentons de nous positionner en fonction de l'extérieur. D'établir notre valeur par rapport aux autres, à notre environnement. Si je suis reconnu, c'est que j'ai une valeur « X ». On me remarque, j'existe. De prendre sa place, de jouer un rôle, d'être ici en cette vie pour quelque chose d'autre que manger, dormir, travailler, etc., tout devient important pour notre équilibre.

Que vous ayez reçu une éducation datant des années cinquante ou à l'opposé plus récente, reste un fait indéniable : nous avons tous les mêmes besoins fondamentaux. Ils ne s'exprimeront probablement pas de manière similaire, étant assujettis à l'éducation, la culture et l'époque où nous naissons, mais un manque de reconnaissance ou d'amour restera un manque en soi qu'on le veuille ou non. Un Être humain reste un Être humain. Une recherche d'équilibre à tous les niveaux.

Je nous ai toujours perçus comme un cercle séparé en quatre parties. Chaque portion correspondant à des éléments clés pour atteindre l'équilibre. Quatre segments dont : l'aspect social, amour, santé, et travail. Quatre pointes de dimensions égales, formant un ensemble en équilibre.

Le travail est donc de bien s'accomplir sur le plan professionnel, avoir une vie affective satisfaisante, de bons amis, une famille soutenante et valorisante, tout en maintenant une santé sans souci majeur. Aussi à remarquer qu'il est possible de fonctionner avec un ou deux éléments en carence, mais lorsqu'un troisième fait défaut, la personne vivant ce déséquilibre, commence à en sentir les effets négatifs. En lien à ceci, je vous présente Karine.

*

Karine travaille comme représentante pour une grande entreprise d'import-export dans le domaine sportif. En couple avec Patrick depuis dix ans, ils vivent en banlieue d'une grande ville, ayant choisi la tranquillité à la vie urbaine. Un bon cercle d'amis, d'ailleurs un peu trop de l'opinion du conjoint, Karine souffre aussi d'un problème digestif chronique. Bien contrôlé par médication, mais quand même un petit souci constant au quotidien.

Une vie constituée de haut et de bas un peu comme toutes les relations pour ainsi dire. Mais voilà que Patrick lui partage le désir de prendre du recul par rapport à leur couple. Il a l'impression qu'il ne se sent plus particulièrement à sa place, qu'il a besoin d'air. À coup sûr, une gifle en plein visage pour elle, n'ayant rien vu venir. Comme c'est souvent le cas en situation de grand bouleversement, nos points faibles se révèlent encore plus. Sa santé écope donc un peu à la suite de cette annonce. Ses problèmes gastriques deviennent plus persistants. Mais le travail apportant une certaine stabilité, les amis, une bouffée d'air frais, ces deux bouées de secours font en sorte que la tempête s'assume tant bien que mal, l'équilibre se conserve et elle garde la tête hors de l'eau.

Le moment où tout bascule, et ceux ayant déjà frappé le mur me suivront dans cette histoire, c'est un certain mardi matin 9 heures. À son entrée au travail, son supérieur lui annonce que son poste sera jumelé à un autre, conséquence des dernières compressions financières, et qu'à partir de cette journée elle devra être à l'extérieur de son territoire. Ceci nécessitant dorénavant de coucher quatre soirs par semaine à l'hôtel. Et c'est là, à cet instant précis, que les lumières se ferment. Tel un disjoncteur qui coupe l'alimentation en courant, elle ressent son énergie tomber à plat, telle une pile court-circuitée. Difficile, dans le contexte actuel, d'envisager être loin de sa famille, de ses amis. Un soutien dont elle ne peut se passer. Tout à coup, trois des quatre sphères de sa vie sont remises en question. C'est l'hécatombe.

Perte de sens, plus de vision à long terme, souffrance physique, estime de soi douteuse et les tâches quotidiennes soudainement pénibles, voire impossibles à accomplir. La voilà complètement déstabilisée et perdue. Son monde s'écroule.

Une vie construite à partir du regard des autres, à choisir l'acceptabilité et non ce qui la faisait réellement vibrer, ce à quoi elle correspondait. À imiter son environnement pour mieux s'y fondre et ne pas trop dissoner. À être à des kilomètres de ce qu'elle était vraiment tout au fond. Perdant tous ses repères extérieurs, il ne lui restait qu'une seule chose à laquelle s'accrocher : **ELLE-MÊME!**

Personne n'est à l'abri de raz de marée au cours d'une vie, et c'est tant mieux. Car voilà l'occasion d'une profonde remise en question. C'est normalement à cet instant de grâce que jaillit la fameuse question : qui suis-je vraiment? Que suis-je devenu?

Nous voguons sur des vies scénarisées au quart de tour. Notre extrême besoin de sécurité exige de nous une stabilité à toute épreuve. Une rigidité qui, une fois cassée, laisse paraitre une vie bien morne et sans saveur. Mais voilà, tout se joue à cet instant.

Une période ou tout devient possible, car plus rien ne compte excepté « vous ». Enfin vous serez au centre de vos priorités, chose que jamais auparavant vous n'avez pu imaginer. Vous achèterez tout ce qui vous tombera sur la main traitant de croissance personnelle, serez avide de conversations éclairées, de rencontres d'âme à âme, sincères, vivantes. Les déplacements sur des centaines de kilomètres pour assister à des conférences n'auront rien de déplaisant, car vous avez ce grand besoin de « trouver ».

Toute cette culpabilité ressentie ayant fondé les assises de vos choix en cette vie, cette méconnaissance de vous-même vous ayant entraîné sur des routes peu fréquentables en opposition à la personne que vous étiez vraiment. Tout ceci est dorénavant sur la table à dessin. Prêt pour un nouveau départ.

Si l'estime de soi est la pierre angulaire de l'être humain, la culpabilité en est la verdure (le lichen) qui la recouvre. Petit à petit, année après année il pousse et prend place, il l'a fait disparaître sans que cela ne soit remarqué. Résultat? Finir un jour par la rendre totalement invisible à son environnement. Disparaître et ne plus être.

Alors, libérons-nous de cette culpabilité. Rendons aux autres ce qui leur appartient et ne conservons que ce qui porte notre estampe. De cette façon, apposons un regard neuf sur soi. Construisons un Être plus transparent, plus simple, plus en harmonie à celui qui se cache derrière depuis si longtemps. Un Être vrai!

-7-
Se craindre soi-même

Plusieurs disent : « NOUS SOMMES NOTRE PIRE ENNEMI! »

Moi, je dirais aussi que nous sommes l'architecte de notre propre prison. Ce qui nous trotte dans la tête est souvent complètement décalé de la réalité que nous vivons. Quelque chose ou quelqu'un cherche à nous maintenir dans une situation pendant que, consciemment, nous tentons l'impossible pour nous en sortir. C'est comme si nous étions deux à coordonner notre vie, mais dans deux sens diamétralement opposés.

L'égo, notre compère-compagnon de tous les jours, a joué un rôle plus que nécessaire pour nous maintenir en vie depuis notre naissance. Mais il a la fâcheuse habitude de toujours se fier au passé pour développer l'avenir, de toujours rester en terrain connu, d'éviter la nouveauté pour nous garder loin de l'insécurité liée à l'inconnu. Vous remarquez comment, nous, les humains, nous détestons ne pas savoir dans quoi on s'embarque. Nous sommes inconfortables face à ce qui se cache derrière le voile. Mais au fond, si l'on y pense bien, qu'est-ce que ce confort nous a apporté de si bon jusqu'à présent?

Nous sommes les premiers à râler sur la monotonie, à dire que du nouveau nous ferait du bien, que notre existence manque de piquant. Il y a juste à voir le nombre grandissant de personnes qui, ces dernières années, s'adonnent à des sports de plus en plus extrêmes, intenses. Tous ces gens qui tentent de revivre leur adolescence en s'esbaudissant de part et d'autre, soir après soir, comme pour aller chercher cette flamme qu'ils ont peine à ressentir dans leur vie de tous les jours. Par contre, en aucun moment, ces activités nous amènent à prendre conscience du fondement de notre perte de jouissance. Oui, l'espace d'une journée, d'un weekend, tout donne l'impression de renouveau. Mais, à l'intérieur de nous, exactement là où ça compte vraiment, tout est intact, rien n'a changé. Toutefois, l'idée de s'aventurer dans le vrai changement sans carte routière, alors ça, non! Notre égo nous propose toujours, pour notre bien, des situations que nous sommes capables de gérer sans trop de stress et qui semblent apporter ce que j'appelle des faux départs.

Plusieurs d'entre nous ont choisi d'abandonner une relation pour une autre en voyant se pointer à l'horizon ce qui semblait être de la nouveauté. « Cette femme est blonde, l'autre était brune. Celle-ci est beaucoup plus mince contrairement à mon ex qui laissait paraître un léger embonpoint. » « Cet homme, il est si empathique et à l'écoute alors que mon mari ne me faisait que des reproches, il me faisait sentir inférieure. » Nous avons tous vraiment l'impression de rencontrer quelqu'un de différent.

J'ai aussi quitté des femmes en me disant que ce qui m'énervait chez elles ne pourrait plus se présenter dans ma vie, car j'avais enfin compris. Mais pourquoi diable, un an plus tard, devons-nous à nouveau quitter le navire? « Elle est pareille à l'autre, elle rechigne tout l'temps, elle me déprécie, elle ne s'intéresse pas assez à moi... » « Ses copains du vendredi soir semblent plus importants que notre couple. » « Il était si doux au début, il a tellement changé. »

Sans nous en rendre compte, nous avons attiré exactement le même type de personnes. Physiquement, elles peuvent être différentes, mais, au fond, elles restent les mêmes. Le sucre attire les fourmis, un point c'est tout! Si nous ne voulons plus de ces bibittes... devenons du sel. Transformons-nous. Cessons d'être sous la forme « sucre » et changeons notre composition pour quelque chose de plus « salé ». Là, nous allons attirer une autre catégorie de personnes.

Mais voilà, le sucre, c'est du connu. Les fourmis, c'est aussi du connu. Inconsciemment, nous sommes bien là-dedans, nous en connaissons tous les rouages. Au début de la relation, nous avons l'enivrante sensation d'en reconnaître chaque contour, chaque recoin, et cela nous rassure. Sous une fausse allure de nouveauté, nous retrouvons ce que nous connaissons de mieux, et cela est fort sécurisant. Seulement quelques petites différences viendront masquer ce qui se passe, car tout l'monde sait très bien qu'en début de relation, ce n'est pas vraiment nous qui nous présentons à la table, mais bien notre beau et grand personnage. Plus parfait, plus sympathique, plus drôle, plus attendrissant que notre véritable « moi » qui a peiné pour se rendre jusqu'ici, en laissant, disons-le, quelques plumes au passage.

Alors, comme madame et monsieur se font représenter à la barre, qu'ils sont tous les deux cachés dans une pièce adjacente au théâtre, il n'est pas rare d'entendre, après six mois de fréquentations :

- Tu n'es vraiment pas le gars que j'ai rencontré au début. Tu as changé!

Et il n'y a rien de plus vrai que ça!

Bien sûr que j'ai changé, car, au fond, ce n'est pas vraiment moi qui marchais à tes côtés tout ce temps. C'était un clone format amélioré, sans défaut, toujours souriant, qui se cachait derrière un gars anxieux face à un rejet potentiel, manquant de confiance en lui, mais évitant de le laisser paraitre. J'etais mort de peur que tu t'en rendes compte trop vite. Mon estime hurlait à l'intérieur de moi : « Fais tout en ton pouvoir pour que ça fonctionne avec cette personne, car j'ai besoin de me sentir aimé et valorisé. J'ai besoin de trouver « quelqu'un qui m'aime ». Et comme mes besoins sont grands et mon vide immense... Ça presse! Donc, soyons parfaits. »

Comme si, à tout prix, il ne faut pas être ce que nous sommes réellement, car ce n'est pas assez pour satisfaire l'âme convoitée et être digne de son amour. Comme s'il nous est impossible d'être, par nous-même, quelqu'un de bien, et que seule une personne extérieure peut nous apporter une véritable valorisation.

Mais voilà, changer, se prendre en main, ce n'est pas l'apanage des trouillards. On ne se fait pas facilement confiance. Peu habitué à s'écouter soi-même, il nous est fort difficile de ne pas user de références extérieures lorsque nous sommes à l'orée d'un grand changement. Peu d'entre nous ont été encouragés à se fier à sa petite voix intérieure, à écouter ce qui se passe en dedans de soi. C'est pourtant LA voie à suivre si, bien sûr, nous avons pris soin d'éclipser notre égo du portrait.

Au fond, cette voix, c'est la partie de nous qui est sans logique, qui ne s'occupe pas de ce qui semble bien ou mal, qui ne réagit qu'à un seul stimulus : notre bien-être, un point c'est tout! Et si, pour un instant, nous oubliions les conventions sociales, les « qu'est-ce que les autres vont dire ou penser? », les « je devrais faire ci ou ça parce que je... » Alors, nous verrions que la réponse à nos questions est toujours claire et fort satisfaisante. Toutes les autres raisons ne nous ramènent qu'à l'extérieur de nous, vers les autres et non vers nous.

Cependant, il nous faut distinguer le vrai du faux. Qu'est-ce qui, au fond, fait vraiment notre affaire? Qu'est-ce qui nous sert bien et dont on ne peut se passer?

La vie est une constante négociation entre l'énergie qui entre en nous et ce qui en ressort. Tout comme dans un compte bancaire, il y a des dépôts et des retraits. Pour avoir une vie harmonieuse, l'équilibre est primordial. Aussitôt que le compte d'épargne tombe dans le négatif, c'est à ce moment-là qu'on ressent un inconfort. On donne plus qu'on reçoit. Au fond de nous, une petite sonnette se fait entendre pour nous indiquer qu'un déséquilibre s'installe et qu'éventuellement la situation peut mal tourner. Bien sûr, on peut tous vivre un certain temps avec un compte bancaire dans le rouge, le crédit peut dépanner. On emprunte un peu, on laisse passer la tempête et on se refait les poches par la suite. Mais qu'arrive-t-il si le crédit cesse, si la banque ne veut plus prêter? Ici, notre erreur est de ne pas s'être assez écouté, de s'être trop souvent oublié. D'avoir tenu pour acquis que : ça pourrait toujours aller!

Tout simplement, disons que ce qui est plaisant à vivre, c'est de l'énergie qui entre en nous, et que ce qui nous déplait devient de l'énergie qui sort de nous. Avez-vous déjà passé un après-midi en compagnie d'une personne et constaté, à la fin de la rencontre, à quel point vous étiez vidé, voire déprimé? Ou, au contraire, être sorti de la pièce complètement énergisé, prêt à déplacer des montagnes, par le simple fait d'avoir parlé avec un inconnu!

Regardons l'état de notre crédit, constatons si nous semblons vivre plus souvent la première situation ou la deuxième. Il faut maintenir l'équilibre en tout temps. Nous nous rendrons compte que les gens confiants, possédant une belle estime d'eux-mêmes et vivant dans la vérité, ont beaucoup à donner et ne demandent que très peu en retour. Pourquoi? Parce qu'ils savent ce qu'ils sont et n'ont pas besoin d'attendre quoi que ce soit venant de nous, en retour. En leur présence, nous verrons des êtres extraordinaires.

En voici un exemple un peu banal, mais si véridique : Jean reçoit l'invitation de Rachel pour une journée de ski en groupe, ce weekend. Sa seule raison d'accepter semble être de ne pas déplaire à sa copine, car, au fond, une semaine difficile au bureau l'incite beaucoup plus à une activité en solitaire. Il recherche la tranquillité plutôt qu'un après-midi à se dépenser physiquement avec un groupe de joyeux lurons.

Deux choix s'offrent à lui :

1   Ne pas écouter sa petite voix intérieure et accepter l'offre malgré tout, ne voulant pas déplaire à sa copine, car, au fond, il craint sa réaction et les conséquences qui pourraient s'en suivre.

Ou...

2   Expliquer tout bonnement à Rachel qu'il reporterait plutôt cette sortie à une autre occasion, qu'en temps normal ça lui plairait bien, mais pas cette fois. Qu'il préfère être seul et se reposer.

Prenons le choix numéro 1 : est-ce qu'il sera enthousiaste et totalement présent lors de l'activité? J'en doute fort, car il ne le fait pas pour lui, mais pour quelqu'un d'autre. Il va contre sa volonté réelle, donc, pour se fondre dans cette activité, il dépensera plus d'énergie qu'il n'en retirera, le plaisir étant moindre.

Si par contre, choix numéro 2 : il suit sa pulsion intérieure, tout le temps qu'il s'accordera pour se reposer et pour prendre du temps pour lui fera en sorte qu'il sera de fort bonne humeur au retour de sa compagne. Il sera prêt à entendre tous les détails de sa journée et beaucoup plus réceptif face à elle, dans tous les sens du terme, pour passer une soirée agréable. Peut-être même que, après s'être reposé et libéré l'esprit, l'envie de préparer un copieux souper pour accueillir sa douce deviendra pour lui une idée géniale, agréable et gratifiante. Sera-t-il dans cet état d'esprit en s'oubliant? J'en doute.

Voici l'équation :

Activité plaisante	=	dépôt à la caisse
Activité désagréable	=	retrait au comptoir
La somme des deux	=	état d'être au moment présent

Je fais un exercice plaisant, alors je reçois de l'énergie et mon compte de banque se porte bien. Je m'oblige à vivre un désagrément, quel qu'il soit, je dépense de l'énergie et mes économies diminuent. Voilà la formule!

Bien sûr, je vous entends encore penser, et ici, ça rugit : « Oui, mais on ne peut pas toujours faire ce que l'on veut dans la vie. Y a le patron, les voisins, les lois, les demandes du conjoint, les cours des enfants, les obligations familiales… » Je vous l'accorde d'emblée. Vous avez entièrement raison de monter aux barricades. Mais sachez qu'il faut maintenir un compte dans le positif, ne pas recourir au crédit. Donc, fiscalement parlant, il faut que l'actif soit toujours supérieur au passif.

L'animateur Johnny Carson disait : *« Moi, l'argent, c'est comme une paire de bas dans une commode. Combien il y en a? Aucune importance. Pourvu que lorsque j'en ai besoin, je puisse ouvrir le tiroir et en trouver une. »*

Le problème vient toujours du déséquilibre. Faire un compromis n'a rien de troublant, mais s'oublier en tout temps pose problème. Tout comme à l'inverse, toujours vouloir recevoir finit par avoir des répercussions sur le plan social. Malheureusement, au niveau de l'estime de soi, ce grand besoin d'être aimé, apprécié et accepté fait en sorte que nous allons inconsciemment nous oublier et nous astreindre à des situations qui ne nous conviennent pas, dans le seul but de combler cette partie de nous qui est en très grande souffrance.

Nous sommes notre pire ennemi dans à peu près tout. Il faut apprendre à dire oui ou non tout en sachant pourquoi. Se respecter n'est pas oublier ceux et celles qui nous entourent, au contraire. Imaginons le don de soi possible lorsque nous sommes bien en équilibre dans nos vies. Imaginons aussi l'être détestable que l'on impose à nos amis, nos familles, nos collègues de travail lorsque, à bout de souffle et incapable de nous reprendre en main, nous tombons dans le mode « survie ». En manque, nous avons tendance à aller chercher l'énergie des autres pour nous équilibrer, au détriment des autres, évidemment.

Affamé, un être humain retrouve assez rapidement ses origines mammifères. Au fil des siècles, des histoires abondent sur ce genre de comportement, lors de certaines guerres ou cataclysmes. Qu'un homme souffre de la faim dans son corps ou dans son âme, le résultat en est sensiblement le même. La fin justifie automatiquement les moyens.

« Rien ne se perd, rien ne se crée, tout se transforme... », disait Antoine Laurent Lavoisier. À cela j'ajoute : « **... et tout s'équilibre. »**

Votre voisin se fâche envers vous pour aucune raison valable? C'est qu'il a eu une semaine difficile, remplie d'embûches et de frustrations et qu'il ne cherche qu'à retrouver son pouvoir... à vos dépens. Ensuite, vous, vous rentrez à la maison, le plus jeune de vos enfants a encore oublié un rendez-vous et là, c'est vous qui rééquilibrez votre énergie en le réprimandant plus que nécessaire. Que croyez-vous que votre jeune va faire lui aussi par la suite? Il va, comme vous et votre voisin, reprendre son énergie, son équilibre, sur quelqu'un ou quelque chose d'autre, car il n'est ni meilleur ni différent de vous.

Nous sommes des êtres carencés qui, devenus incapables d'agir, sont pris dans le « réagir ». Tout se fait par compensation, en réaction à un manque quelconque. Incapable de se combler par soi-même, de se doter d'une estime personnelle valable, prisonnier de la perception des autres pour mieux s'aimer. Empilant les insatisfactions, année après année, on se retrouve un jour face à un miroir qui nous retourne une image de nous-même, peu reluisante, et, encore une fois, on cherche la source de nos problèmes dans le monde extérieur. Mais tout n'est pas perdu, car ce miroir a la particularité de réfléchir précisément la cause tant recherchée de notre problème... C'est-à-dire... NOUS!

-8-

« Miroir, miroir…! »

« *Je n'étais pas une bonne mère parce que je soignais mon enfant et faisais tout pour sauver sa vie - je le faisais* pour moi! *Je tremblais à l'idée de perdre mon fils. Ce n'était pas* lui *que j'aimais, mais* moi-même. *C'est pourquoi je voulais le sauver.* »

Élisabeth Haich

Se dire les vraies affaires

Le point de départ de tout changement c'est d'abord et avant tout pouvoir obtenir une vraie lecture de qui nous sommes. En vérité, en toute objectivité et sans tricherie? Non pas pour les autres, mais fondamentalement pour soi. En arriver à se regarder dans le miroir, porte fermée s'il le faut, et se dire les « vraies affaires ».

- Je me retrouve ici, car je suis incapable de dire non.

- Je suis dépendant affectif et je ne peux être seul.

- Je sens que je dois performer pour être apprécié.

- Je suis entêté dans tout ce que je fais et je dépasse mes limites.

- J'ai signé trop vite, j'avais peur de perdre une occasion.

- Oui, je suis carencé affectivement.

- J'ai de la difficulté à me faire confiance.

- Et le reste, et le reste...

Juste se dire à soi, sans pudeur, sans jugement aucun, bien humblement : « JE NE SUIS PAS PARFAIT! »

Surprenant, n'est-ce pas?

Non, je ne suis pas parfait. Pourtant, j'ai tout fait pour le devenir. N'ai-je pas été la parfaite petite fille, le parfait petit garçon, durant mon enfance? Ne suis-je pas l'employé(e) idéal(e)? La compagne ou compagnon parfait(e)? L'ami(e) fidèle sur qui on peut toujours compter?

On aimerait bien se voir attribuer le titre de personne sans peur et sans reproche, mais disons que, si tel était le cas, nous ne serions plus ici et probablement rapatriés en haut lieu pour des tâches mieux adaptées à notre degré d'évolution. Alors, si vous comme moi sommes toujours sur le plancher des vaches, j'y vois un certain message : y a du travail à faire!

*

Devenir conscient de qui on est

Comment peut-on retrouver l'équilibre si, au départ, il nous est impossible de reconnaître la chose la plus importante, c'est-à-dire « qui on est »?

Quels sont nos attributs principaux, nos forces, nos qualités? Ne me dites pas que, dans votre cas, la vie vous a dépouillé de tout talent et que d'en trouver, ne serait-ce qu'un seul, vous semble une tâche directement tirée du monde de l'imaginaire. Tous autant que nous sommes, nous avons des forces, quelquefois bien cachées, d'autres fois bien en évidence. Il est inconcevable que vous ayez été discriminé à ce point de vue. Souvent, ce sont les occasions qui ont manqué pour découvrir ces petits trésors, enfouis et peu bavards, qui sommeillent en nous, attendant la chance de se révéler au grand jour.

Nous nous attendons très souvent à des capacités dignes de vedettes d'Hollywood, de grands sportifs ou de savants récipiendaires du prix Nobel. Pour évaluer nos aptitudes, nous pigeons nos références à même le monde extérieur (encore!). Ceci nous entraîne à nous sous-évaluer, à déprécier ce qu'on possède, en nous comparant trop souvent à l'élite ou aux marginaux. Comment rivaliser avec les Céline Dion de ce monde? Avec Guy Laliberté, Donald Trump, Oprah Winfrey et Mère Teresa, tous passés maîtres dans leurs domaines respectifs? Si notre valeur était déterminée seulement en se comparant à des gens d'exception, avouons-le, la planète entière ne serait constituée que par des gens qui auraient une estime d'eux-mêmes complètement déficiente. Chacun a le talent qu'il a. Certains travaillent dans l'organisation, d'autres dans la réparation. Celui-ci enseigne, celle-là prend soin des autres. Et c'est très bien comme ça, car la société s'équilibre grâce à toutes ces différences. Souvenons-nous du jeu de simulation d'un hôpital que je vous ai raconté précédemment.

Faut-il toujours être le meilleur? Sommes-nous obligés de monter sur la plus haute marche pour voir, dans le miroir, que nous sommes importants? Non! Se sentir bien dans l'action accomplie, sentir que nous avons fait de notre mieux, ça peut suffire à nous redonner des bases plus que solides, à retrouver ces petits détails, ces petites choses dont nous sommes fiers. Accomplir, non pas dans la démesure, mais seulement bien réussir la tâche requise. Je chante bien, je n'en fais pas une carrière, mais lorsque je m'exécute, je me sens confortable et rempli d'un sentiment positif. Y en a des meilleurs, mais ça n'a pas d'importance, car, pour moi, ça me suffit amplement. J'y mets tout mon cœur, et c'est ça qui compte vraiment.

Allez chercher en vous tous vos points forts. Et il y en a plus que vous pensez, vous en serez surpris. Repartez de la base, sans tenter d'y découvrir LE GRAND TALENT qui vous sortirait du sommeil et sauverait votre existence, car vous allez tomber dans le panneau de la facilité, dans le rêve du billet de loto qui vous ferait gagner gros, mais qui vous laisserait sans apprentissage, enchaîné à une bouée, à une roue de secours qui ne serait que temporaire.

Non! Retrouvez vos vrais talents. Aussi modestes soient-ils, ils vous appartiennent entièrement et sont le reflet réel de ce que vous êtes. À partir de là, rien ne vous empêche de peaufiner, de raffiner et de parfaire ces dons de la vie. Bâtissez votre prochaine maison sur ces fondations.

J'adore cette métaphore de la maison, ça représente tellement bien ces « Êtres multicouches » que nous sommes.

Dans les jours qui suivent un ouragan, une catastrophe dans notre vie, nous ne pouvons que constater les dégâts, vérifier si la toiture, la charpente et les fondations ont résisté. Voir si, une fois sans fenêtre, le vent peut traverser l'intérieur des pièces sans retenue et poursuivre, malgré nous, la destruction. Est-ce que tout est par terre? Ne reste-t-il qu'à tout reconstruire au grand complet?

Il faut faire l'inventaire de ce qui est encore bon, de ce qui tient encore debout, de ce qui peut être réutilisé, et ramasser ce qui ne correspond plus pour le mettre aux rebuts. Il faut se demander : « Sur quoi vais-je rebâtir ma nouvelle demeure? »

Pour certains, on remplace les fenêtres, on colmate le toit et on nettoie. Comme, par exemple, après une rupture amoureuse : on pleure, on fait son deuil et on se rachète des meubles qui correspondent à notre nouvel état d'âme. Même chose lors de la perte d'un emploi ou de tout autre évènement tragique et bouleversant de la vie. On voit comment la métaphore de la maison s'adapte à la situation.

Pour d'autres, on rase la maison, on conserve certains souvenirs et on creuse une fondation toute neuve, dans un endroit nouveau. On récrée alors une résidence qui correspond mieux à notre nouveau « moi », celui qui vient d'apprendre, celui qui a cheminé dans l'expérience de la tempête.

Faire l'inventaire de ce qui a survécu à l'ouragan, c'est un peu faire l'inventaire de ce que nous sommes encore après la débâcle. Oui! Car, malgré tout, nous sommes encore nous-mêmes, un peu écorchés, bien sûr, mais nous n'avons rien perdu de notre potentiel, de nos talents, de ce que nous étions avant. La vie a fait lever un grand voile de poussière autour de nous, mais, dans très peu de temps, tout se sera dissipé et nous retrouverons notre capacité de voir, comme avant. Peut-être que le paysage aura un peu changé, mais voilà que se présentera l'occasion en or de nous redécouvrir sous un autre jour, de nous reconstruire sur des bases nouvelles.

Donc, voilà l'important : se retrouver tel que l'on est, avec ses forces et ses faiblesses, garder bien en vue ces petits talents que nous possédons tous, s'appuyer sur ces forces qui font de nous un être unique, pour conserver ou regagner l'estime de soi. C'est sur cette estime que renaîtra notre nouveau « moi-post-tempête ».

*

Le vide attire tout ce qui l'entoure, n'importe quoi, ou souvent n'importe qui.

Pour ceux qui ont quelques connaissances de base en astronomie, je parlerai maintenant des fameux « trous noirs ». Ces espaces remplis de « vide », tellement que tout ce qui s'en approche est automatiquement aspiré à l'intérieur, sans aucune distinction, sans aucun tri. Est-ce que, par hasard, cela vous rappelle certaines personnes? Ou, pire encore, une ou deux relations?

Ici, je vous parle plutôt de ces gens en quête d'énergie. Nous avons tous, à un moment ou à un autre de notre vie, côtoyé des gens qui nous siphonnent, nous fatiguent et qui nous lassent de leur présence. En voilà « des trous noirs »! Pire encore, en quelques occasions, nous avons nous-même été « un vrai trou noir »!

En présence de ces gens, soudainement, après seulement quelques minutes, on se sent fatigué, sans vie. Notre corps ne peut s'empêcher de nous demander de quitter l'endroit le plus tôt possible. Contrairement, d'autres personnes nous remplissent d'une énergie sans borne qui, sitôt qu'on les quitte, nous laisse une envie folle de les revoir, de revivre avec eux ces rencontres si enivrantes. Une énergie qui nous rend plus grand, plus beau, plus heureux, contrairement à cette autre qui nous tire vers le bas.

Tout comme des trous noirs, certaines personnes aspirent toute notre énergie, tout ce qui est bon en nous, pour se remplir eux-mêmes, pour « faire le plein » à nos dépens. Ce ne sont pas de mauvaises personnes, dans l'essence de leur être, mais plutôt des gens souffrants en quête d'une solution. Malheureusement pour eux, leur inconscience d'eux-mêmes, mélangée aux si intenses besoins qui les dominent, fait en sorte qu'ils deviennent très difficiles à supporter par leur entourage.

En présence de ce phénomène, disons-nous que personne n'échappe à ce passage, à un moment ou l'autre de sa vie. Personne n'est complètement à l'abri d'un vide causé soit par une séparation, une mise à pied ou un rejet quelconque. Soyons conscient de la dynamique qui s'installe pendant ces moments trop difficiles, pour être capable de mieux les gérer, sans nous faire croire à de fausses histoires sur nous-même.

Lors d'une période difficile, nous avons l'impression que la terre cesse de tourner comme avant. S'installent alors l'insécurité, l'angoisse face à l'inconnu, la peur du changement, la peur de ce que sera notre lendemain. Le vide prend place et, de ce vide, se crée le « trou noir ».

« J'AI BESOIN … d'amour, d'attention, de présence, d'argent, d'une auto, d'un salaire, d'une habitation, de support moral, d'un voyage, de sexe… »

Des centaines de raisons nous propulsent dans cet état où, tout comme un trou noir dans l'espace, nous cherchons à remplir ce vide avec à peu près tout ce qui nous tombe sous la main. La fin d'une relation en est le plus bel exemple :

« À la suite d'une rupture, Marc se retrouve seul pour la première fois de sa vie. Avant sa rencontre avec Sophie, il avait toujours habité avec ses parents. Donc, il n'avait jamais eu l'occasion de se retrouver seul avec lui-même.

Pensant avoir trouvé « SON ÂME SOEUR », la personne parfaite pour toute sa vie, il a fait le grand saut pour plonger tête première dans un engagement solennel avec Sophie. Il passe donc d'une vie familiale à une vie de couple sans avoir pris le temps de se sevrer, d'expérimenter la solitude de façon concrète. Au fond, il n'a pas pris le temps de se connaître un peu mieux, en tant qu'individu. Donc, lorsque quelques années plus tard sa conjointe et lui constatent que leur relation ne peut plus durer, que l'amour n'est plus au rendez-vous, Marc se retrouve sans filet et sans aucun repère, ses habitudes de vie ayant toujours été liées à d'autres personnes, en conjoncture avec ses parents, ses frères et sœurs et, plus récemment, sa conjointe.

Maintenant seul, il sent le vide s'installer progressivement à l'intérieur de lui : cette sensation, cette douleur dans le ventre, le cœur qui bat plus vite et plus fort, l'appétit qui disparaît, les nuits trop courtes et tout ce qui s'ensuit. En perdant tous ses repères habituels, tout s'écroule. Marc ne sait plus où donner de la tête.

Voyant que Sophie ne manifeste aucune intention de revenir en arrière et que leur relation est bel et bien terminée, la réalité frappe encore plus fort. Marc ne peut plus espérer quoi que ce soit et doit maintenant accepter la fatalité. La douleur est telle qu'il doit impérativement compenser, trouver des solutions pour calmer ce qu'il ressent. »

Je suis toujours subjugué de voir comment l'être humain, lorsqu'il est en manque de quelque chose, se laisse convaincre facilement par une rapide et parfaite solution de rechange.

Comment la collègue de bureau devient soudainement si palpitante, alors que ça fait déjà dix ans qu'il la côtoie sans jamais l'avoir remarquée auparavant. Jamais la cigarette n'a fait partie de sa vie, mais là, c'est différent, ça donne du style. Comment ces sorties du vendredi soir, qui jusque-là étaient hors de question, voire ridicules, deviennent si indispensables que, depuis que dame solitude a fait son apparition, la danse latine lui fait « swinguer » le popotin deux soirs par semaine.

Ce n'est pas que les gens changent à ce point-là, mais plutôt que le vide ressenti les amène à chercher à l'extérieur d'eux-mêmes. Il leur semble plus facile de combler un manque, un vide ou un déséquilibre dans leurs vies, en se retournant non pas vers soi, mais vers les autres, en croyant qu'ils ont la solution à leurs problèmes.

C'est pareil pour tout le monde. La présence de l'autre est importante. La personne nous parle, nous rend important, nous fait sentir comme quelqu'un de bien. Sa présence nous allume sexuellement, nous donne le goût de voyager. On se sent donc revivre avec cette personne.

Il faut simplement lire les profils sur les réseaux de rencontres et se rendre à la rubrique « Activités » pour rapidement repérer le candidat ou la candidate en période de vide intense. Aucun être humain normalement constitué ne peut avoir autant de loisirs sur une période de sept jours! Yoga, golf, cours d'espagnol, gym à tous les deux soirs, danse latine, etc., etc., etc. De toute évidence, un candidat ou une candidate en recherche de plaisir. Donc, sauve qui peut! Trou noir en vue!

Au fil des ans, j'ai eu plusieurs centres d'intérêt dans ma vie. Autant dans les arts, dans les sports ou dans les voyages, je me suis développé sur plusieurs aspects. Un jour, j'ai découvert que je faisais tout ça seulement dans l'espoir d'être aimé… Mais ça, c'est une autre histoire. Du ski alpin au karaté, en passant par la batterie, le piano et le chant. Ces dernières années, je me suis mis à la vidéo, à la moto et à la photo, et j'en passe… Une multitude de domaines qui me servaient bien, au niveau de la gratification, et qui comblaient ma grande curiosité légendaire. Par contre, je réalisais souvent que chaque nouvelle compagne cherchait à imiter mes activités, surtout lorsqu'elle-même n'en avait aucune. Ce n'était pas rare de la voir soudainement s'acheter des skis, se mettre à chanter ou développer une passion pour la photo, sans jamais y avoir pensé auparavant. J'observais toujours le tout avec méfiance, car ces femmes correspondaient souvent à des personnes en grand besoin affectif, prêtes à tous les compromis pour ne plus être seules, jusqu'à s'oublier elles-mêmes. Elles cherchaient à se fondre en moi. Mes activités et mes passions semblaient leur procurer « une vie », la vie qu'elles n'avaient pas avant.

Malheureusement pour elle, j'avais conscience que toute cette nouvelle effervescence n'était qu'illusoire. Qu'une personne, n'ayant jamais eu d'intérêt pour quoi que ce soit dans la vie et surtout pas l'habitude des efforts requis pour apprendre une discipline nouvelle, ne pouvait être réellement elle-même dans ces nouveaux projets. Qu'éventuellement, elle redeviendrait ce qu'elle était vraiment. Et que là, peut-être, tranquillement, étape par étape, une passion pourrait naître en elle, de façon plus sérieuse. En attendant, je ne voyais que ce fameux personnage en quête d'une relation, se présentant au front uniquement pour remplir son vide intérieur et tenter d'impressionner la galerie. Au lieu de me laisser enivrer par une telle personne, je fuyais au plus vite.

Toutes ces solutions sont éphémères. Elles viennent de l'extérieur et non de nous-même. Rappelons-nous toujours ce fameux personnage qui réapparaît sans cesse, ce « clone » qui n'est jamais bien loin. L'urgence du besoin fait en sorte qu'encore une fois, pour être certain du résultat, c'est notre représentant, celui qui est plus que parfait, que nous allons envoyer au front.

Fréquemment, une fois le manque comblé et l'équilibre retrouvé, on se rend compte que le baume n'est plus nécessaire, que la perle n'est pas aussi rare qu'on l'avait imaginée, que le carrosse s'est changé en citrouille à minuit, comme dans l'histoire de Cendrillon.

Ce n'est pas que notre choix n'était pas le bon, mais plutôt que notre vision était faussée, déformée par les évènements, et que l'urgence de soulager notre inconfort surpassait notre raison. Qu'au fond, le ski, ce n'est pas si facile que ça, apprendre le piano non plus. Il ne faut pas regretter, mais toujours voir clair sur ce que nous vivons.

Il faut se dire que : « Oui, j'avais mal, oui, je me sentais seul, que cette personne n'a été qu'une transition dans ma vie pour me permettre de me stabiliser. Oui, j'avais besoin d'argent et j'ai choisi ce travail qui ne me convenait pas, mais qui remplissait le vide de mon portefeuille. Oui, je suis parti en voyage avec la mauvaise personne juste pour ne pas ressentir cette horrible solitude. »

Toutes ces décisions, conscientes ou inconscientes, ne font que nous ramener à nous-même, car, effectivement, un jour ou l'autre, le ménage de la maison doit se faire. Certains y mettront six mois, d'autres deux ans ou deux vies, mais un jour ou l'autre, le travail s'impose de lui-même. Et quel soulagement lorsqu'arrive ce jour! Quel poids disparaît enfin de sur nos épaules! Quelle sérénité nous ressentons, malgré la charge de travail à accomplir!

Je me rappelle ma première séparation. Nous avions vécu quatre années d'entente, d'harmonie et de complicité. Le couple parfait! Vous auriez dû voir le visage de mon père à l'annonce de notre décision d'y mettre fin. Eh oui! Nous prenions cette décision controversée, sentant que, chacun de notre côté, nous avions quelque chose d'autre à vivre. Nous étions persuadés que ni l'un ni l'autre ne pouvait faire naître ces défis de la bonne façon.

Je me souviens encore de ces mois qui ont suivi : perte d'orientation, solitude, désespoir profond. À l'époque, j'admettais sans gêne qu'elle était partie avec la joie de vivre qui régnait dans la maison. Je me levais le matin avec la hâte sincère de retrouver mon lit au plus vite, car, au moins, les rêves me procuraient un certain bien-être que la journée ne m'apportait pas. Les heures s'éternisaient, les journées s'étiraient, plus pénibles les unes que les autres. Ma vie était devenue l'incarnation du néant total.

J'ai passé une année à me chercher dans les bras de femmes aussi perdues que moi (eh oui! Comme par hasard, on attire ce que l'on est!). J'espérais que, de l'extérieur, on s'occuperait de moi et qu'ainsi on m'épargnerait la lourde tâche de me regarder en pleine face. Jusqu'au jour où, assis sur le quai au bord de ce lac souvent visité pour l'énergie bienfaisante qui s'en dégageait et qui réussissait toujours à calmer mon mental, enfin, je me suis laissé aller. Je me suis abandonné!

Le soleil me chauffait le visage comme seule une journée d'été peut le faire. Un vent doux et peu dérangeant gardait ma peau à une température plus qu'agréable, me permettant de ne pas être distrait par les éléments extérieurs. Tout pour me permettre de m'apaiser et, pour une fois, faire la paix avec ma vie. Regarder vers l'intérieur et non vers l'extérieur, comme je m'étais obstiné à le faire durant ces douze derniers mois. En communion avec la vie, avec la nature et avec moi-même, je m'abandonnais à ce qui était et à ce que serait l'avenir. J'acceptais le présent sans me juger. Je me regardais comme j'étais sans m'en demander plus que mes capacités pouvaient me donner. Ce que j'allais trouver m'importait peu, car, au fond, tout ce que j'avais attiré depuis ma séparation n'avait fait que m'entraîner vers un lieu où tout était éphémère, sans saveur et sans raison. J'étais donc prêt à tout affronter, à m'affronter moi-même. Disposé à bâtir ma vie sur du vrai, sur ce que j'étais profondément. Pouvoir un jour croiser mon regard dans une glace et me reconnaître.

Enfin, l'oiseau se posait!

*

Être en relation, autant amoureuse que professionnelle, c'est un peu comme se parfumer, mais en partageant l'odeur des autres en même temps. Lorsque vous regardez autour de vous, à votre travail, dans un groupe social ou, de façon encore plus évidente, dans votre famille immédiate, il est facile de constater que la dynamique du groupe est la résultante de la couleur de tous les participants. Une partie de vous se mélange à celles de vos parents, frères, sœurs, confrères ou amis. Et ici, je ne parle pas des influences hiérarchiques qui interfèrent, bien sûr, selon le grade de chacun.

Chez vos parents, la vie familiale était fortement teintée par l'énergie de votre père et de votre mère et, en tant qu'enfant, votre influence était fort modeste. Votre couleur, comme individu, existait déjà, mais elle se faisait discrète, même inconnue de votre part, la plupart du temps.

C'est pour cette raison qu'un jour, l'individu recherche des expériences spécifiques pour enfin se définir par lui-même. Il doit savoir qui il est, ce qu'il aime ou déteste, trouver son propre rythme. Ceci déterminera la place qu'il prendra par rapport à ceux qui l'entourent. Par contre, comme je le mentionnais plus haut, lorsqu'on partage le même toit, que ce soit avec des membres de la famille ou de purs étrangers, la couleur résultante est rarement la nôtre. Les caractères forts prennent rapidement le dessus.

Comparons le tout à un ensemble de crayons pastel. Vous avez le bleu, votre conjointe possède le blanc, votre relation sera donc un mélange de ces deux couleurs, soit bleu pâle. Ici, nous simplifions pour l'exemple, car, en réalité, c'est plus complexe que cela. Si, à l'époque où vous viviez chez vos parents, votre père portait le rouge et votre mère la couleur jaune, vous avez passé les premiers vingt ans de votre vie dans un environnement teinté d'orangé, c'est-à-dire l'équivalent du rouge mélangé parfaitement au jaune. Donc, comment sera-t-il possible pour vous de bien ancrer le bleu que vous portez, de bien l'installer comme étant votre vibration personnelle si, pendant de nombreuses années, il était à peine perceptible, immergé dans la couleur résultante « Père-Mère »? Et ici, je ne tiens pas compte d'éventuels frères et sœurs. Une belle toile aléatoirement colorée que ce milieu familial!

Si vous décidez un jour de partir vivre seul en appartement, ce que je souhaite à tous, vous risquez d'être agréablement surpris de vous découvrir des goûts jusqu'alors insoupçonnés, des habitudes qui ne cherchaient qu'à prendre place. Des choses importantes liées à vos valeurs profondes, mais aussi de tous petits traits de caractère qui, eux aussi, vont vous définir.

À l'époque où je vivais avec mes parents, chaque soir, le souper était fixé à 17 h 30. C'était comme ça, réglé d'avance comme une montre suisse. Mon père revenait du boulot, et le repas pouvait débuter. Ce n'est pas qu'il était à l'origine de cette requête, mais plutôt que tout ça correspondait bien à l'horaire. Un jour, bien installé chez moi, six mois de vie en solitaire déjà bien assimilée, j'ai réalisé que pour moi, l'heure du souper, ce n'était pas 17 h 30. J'ai pris conscience que je n'aimais pas me mettre à table sitôt rentré du travail et qu'une plage horaire se situant entre 18 h 30 et 19 h me convenait beaucoup mieux. C'était la preuve que l'influence de ma vie d'autrefois s'estompait progressivement et que ma couleur réelle prenait place de plus en plus.

Imaginez maintenant l'horreur... si une jeune personne quitte le foyer familial pour entreprendre sa vie à deux avec un conjoint ou conjointe qui sort, lui ou elle aussi, directement des bras de ses parents. Que leur arrivera-t-il?

C'est simple, on ne peut que reproduire ce que l'on connaît bien. Donc, ignorant encore qui ils sont vraiment, pour sa part, monsieur, lui, apportera l'orangé, une couleur qui ne le définit pas vraiment, celle-ci étant la couleur résultante de ses parents. Et madame, elle, fera de même de son côté. Ce nouveau couple se retrouvera avec une couleur résiduelle, conçue à partir de l'amalgame des couleurs résultantes de leurs parents, donc reflétant les personnalités de quatre individus complètement absents de la nouvelle pièce de théâtre.

Alors, comment apprendre à se connaître, lorsque, au départ, on ne se connaît pas soi-même?

Il se produit la même chose qu'à la fin d'une relation. Bon an mal an, la couleur de l'autre finit toujours par nous influencer et, même après la séparation, il est probable que notre propre couleur ne sera plus exactement ce qu'elle était au tout début.

Mais, en fait, c'est une opportunité merveilleuse! J'appelle ça évoluer, s'améliorer, car c'est le moment parfait pour digérer le vécu des dernières années, en conserver le bon et en rejeter le mauvais. Voilà pourquoi il est important de prendre du temps pour bien évaluer les impacts laissés sur moi par cette vie de couple qui se termine. Pour découvrir le nouvel individu que je suis devenu, en fonction des dernières expériences vécues. Un temps d'arrêt pour bien se repositionner, car une nouvelle relation se pointe déjà à l'horizon, et un autre mélange de couleurs se prépare. Vaut mieux savoir qui je suis pour ne pas me perdre dans cette nouvelle aventure.

Lors d'une séparation, plusieurs personnes lancent souvent, haut et fort :

- *Je me suis perdu dans cette relation!*

C'est probablement vrai. Mais, au fond, est-ce vraiment se perdre lorsque, déjà au départ, on ignorait notre position géographique? Je dirais plutôt qu'enfin, il y a une prise de conscience. Il faut bien, un jour ou l'autre, se localiser pour se donner un point de départ, une référence, et cesser d'être nulle part dans sa vie. Malheureusement, à certains d'entre vous, je devrais dire que la seule façon de trouver vos propres coordonnées, longitude et latitude, c'est d'arrêter votre véhicule et vous garer sur la voie d'accotement pour un certain temps.

Vous êtes-vous déjà perdu en auto? Avez-vous déjà tenté de regarder une carte routière, tout en maintenant une bonne vitesse de croisière, en surveillant, en même temps, les panneaux indicateurs, et ce, sans comprendre la langue locale, pour trouver le nord et le sud? Vous conviendrez que c'est fort compliqué.

Dans la vie, notre point de départ, c'est nous. C'est ce que nous sommes, ce qui nous caractérise, nos forces, nos faiblesses. C'est ce qu'on aime ou déteste profondément. Finalement, c'est tout notre être en entier, car c'est notre être qui se balade en forêt avec le reste du troupeau, qui doit vivre sa vie et survivre parmi ces hauts et ces bas qui font de nous de meilleurs êtres humains.

« *Connais-toi toi-même* », disait Socrate, il y a de ça plus de mille ans. Jamais n'aura-t-on mieux résumé la vie dans son ensemble, toute sa complexité et, en même temps, toute sa simplicité.

À l'époque, j'avais une amie chez qui je campais à l'occasion, entre deux déménagements. Elle avait peu de relations stables avec les hommes, toujours avec des crétins, des « pas gentils », des gamins ou encore, pour la plupart, des « on couche ensemble et, au matin, on ne se doit rien ».

Fatigué par sa vie affective, mais incapable d'arrêter la machine, je ne pouvais qu'écarquiller les yeux en la voyant, chaque soir, quitter l'appartement vers les 23 h pour aller tenter sa chance avec « Mister Right », jusqu'à 3 h du matin. Alors que moi, j'étais crevé par ma journée de travail, elle, elle repartait à la conquête d'un nouveau prétendant. C'était totalement épuisant de la regarder courir de la sorte. Bien sûr, à l'occasion, se présentait un homme qui semblait être « le bon ». Alors,

« Cendrillon » me jetait un clin d'œil d'un air satisfait, pour ainsi se moquer de toutes les remarques que j'avais faites au sujet de ses fréquentations.

Mais à peine quelques rencontres suffisaient pour qu'elle se retrouve au point de départ, avec les mêmes habituelles constatations à propos du « mâle homo sapiens ». À chaque fois, je lui répétais que le premier pas, c'était de se calmer, d'arrêter de courir après je ne sais quoi et de prendre le temps de se retrouver, de se découvrir. Pourquoi toujours confier cette tâche si peu évidente à une tierce personne? Il lui fallait commencer par apprivoiser son environnement, être bien dans son appartement, le décorer selon ses goûts, ses aspirations, pour qu'il représente ce qu'elle dégage. En premier lieu apprendre à vivre avec elle-même, au fond, savoir ce qui l'anime. Qu'elle devienne sa propre source de plaisir et que ce qui arrive de l'extérieur soit complémentaire et non essentiel.

Je l'ai revue, quelque temps après, et, malheureusement ou heureusement, elle a encore, selon elle, rencontré « l'homme idéal ». Il possède une voiture incroyable, selon ses dires, et se balader avec lui le weekend fait tourner les têtes. Un jour ou l'autre, la fatigue l'emportera sur ses manques, et elle aussi se posera sur sa branche pour enfin prendre le temps de se retrouver, pour mieux se connaître. J'en suis convaincu!

*

Oublier le jugement

Oh! que l'on a le jugement rapide et la critique facile envers soi-même! Oui! Et pour les autres aussi! Mais lorsqu'il s'agit de nous, on y va à qui mieux mieux, et sans réserve. Vous êtes-vous déjà traité de con, d'imbécile heureux, de laid, de pas vite vite, de gros, de mal foutu, de bon à rien, de blonde... J'imagine que non... mais moi, si.

Trop tôt, on nous a appris que, dans la vie, il y a le bien et il y a le mal. « Ceci est bien, et vois comment ça réussit. Ceci est mal, et vois comment rien ne va. » Personne ne nous a enseigné à ÊTRE, un point c'est tout.

La destination n'a pas d'importance.
C'est le parcours qui importe le plus.

Au fond, c'est l'apprentissage qui reste. À la toute fin de votre existence, lorsque vous ferez votre bilan final, qu'allez-vous garder comme souvenir? Les expériences vécues, les rencontres de gens mémorables, les moments de grand partage? Ou bien le vélo acheté, le cinéma maison qui a flanché après seulement 5 ans d'utilisation, l'hôtel « tout inclus » dans le sud en telle année? Lorsque je vous racontais mon histoire de voyage, au début, aucun détail de l'hôtel ne me revenait, rien de la piscine, de la couleur de l'eau, des attractions. Je me rappelais seulement de la conclusion, à savoir que si on suit son instinct, le chemin peut devenir un moment magique, et tout le plaisir des surprises est au rendez-vous.

J'avais, à une certaine époque, beaucoup de difficulté à bien faire mon travail. En fait, mes patrons croyaient que j'avais de la difficulté. Selon eux, je ne faisais jamais le bon choix, je n'avais jamais les bonnes réactions, le jugement adéquat. Ils ne manquaient jamais l'occasion de me reprocher à peu près tout ce qui n'allait pas bien dans la compagnie. Une journée, je coûtais trop cher. Le lendemain, j'aurais dû remplacer à grands frais une pièce importante pour satisfaire un client récalcitrant. J'étais toujours à me poser mille et une questions sur la bonne action à faire pour ne pas encore éveiller, de leur part, une réaction non désirée. J'en étais rendu à faire de l'anxiété seulement à penser au lundi matin qui approchait ou à anticiper les « meetings » qui allaient probablement se terminer par une autre série de reproches à mon égard.

C'est alors que s'est présentée une consultation surprise avec un homme fort impressionnant.

Par un heureux concours de circonstances, une amie de ma conjointe de l'époque lui avait parlé d'un homme originaire de Belgique, qui offrait des rencontres personnalisées, centrées sur l'ÊTRE en cheminement. Quelques jours à peine après avoir pris contact avec lui, je me suis retrouvé dans son bureau. C'était un genre de voyant, bien branché en haut lieu, qui m'a jeté par terre tellement il était plus grand que nature. Mon Dieu! Comme il détesterait la description que je fais de sa personne! Lui qui était plus noble et plus modeste que la modestie elle-même!

Convaincu que cette rencontre s'inscrivait à mon parcours, je me suis donc retrouvé ce soir-là chez cet homme, pour voir ce que la vie pouvait bien avoir à me dire en utilisant ce messager.

Bien sûr, j'avais mis, en tête de liste, les problèmes avec mes patrons ainsi que ma grande difficulté à me faire respecter comme individu. Rapidement, avec sa grande sagesse, mon messager m'a dépeint la situation de façon plutôt contraire à ma perception. Il m'a dit :

«*Pourquoi toujours tenter de plaire à l'autre? Pourquoi toujours faire ce que l'autre croit être juste? Si vous avez fait ce que vous pensiez être correct, en toute bonne foi, et que vous êtes certain qu'il vous était impossible de faire mieux, alors où est le mal? Où est la faute?*

Il n'y a pas de bien ou de mal. Vous avez fait ce qui était juste à la mesure de vos connaissances, et si votre patron juge que le tout était insuffisant, ça ne revient qu'à sa perception des choses. Regardez-le et dites-lui tout simplement que s'il vous manque de l'information, il vous fera plaisir de fournir l'effort pour apprendre, de façon à ne plus revivre le problème. Mais que si cela ne tient qu'à son interprétation de la situation, cela reste une question de point de vue et que personne ne mérite un reproche alors qu'il a honnêtement fait son boulot.»

Le message était on ne peut plus clair. Il avait posé un regard complètement différent, rempli d'espoir, sur une situation qui, pour moi, était catastrophique. Pas besoin de vous dire qu'à partir de ce jour, plus personne ne m'a convoqué dans son bureau pour me mépriser et me culpabiliser de quoi que ce soit.

Par la suite, à chaque occasion de ma vie où cela se reproduit, je me replonge dans ce regard, le regard d'un homme qui avait vécu plus que moi en cette vie et qui en connaissait beaucoup plus que moi sur cette terre. Je me rappelle ce regard rempli de compassion alors qu'il m'enseignait des valeurs plus que fondamentales pour un être humain en cheminement. Je l'entends à nouveau me dire que je n'ai de redevances qu'envers moi-même, que la vision des autres ne reste que leur interprétation.

« Que peut-on reprocher à quelqu'un qui a fait de son mieux et qui, en plus, le fait selon ses connaissances?

De plus, si les reproches persistent, cette personne qui critique doit devenir, sur-le-champ, quelqu'un à éviter, car il ne sera jamais satisfait du travail accompli, d'une façon ou d'une autre. »

Personne ne peut tout connaître. Nous sommes tous en apprentissage, que ce soit dans nos vies professionnelles, sur le plan personnel ou social. Si, à chaque occasion, nous agissons avec bonne volonté, il ne nous est pas permis de nous juger sur le résultat. Ceci dit, le résultat fait partie du processus d'apprentissage. Nous sommes condamnés à le vivre tant et aussi longtemps que nous n'en aurons pas compris le sens profond.

Malheureusement pour nous, personne ne nous a enseigné comment **apprendre.**

Apprendre c'est faire des erreurs. C'est tenter des choses risquées et se casser le cou. C'est, quelquefois, mal évaluer une situation, c'est se fâcher inutilement et perdre les pédales. C'est flouer son prochain. C'est bouder, manipuler et j'en passe... C'est, après tout, être un humain!

Loin de là l'idée de cautionner tout comportement reprochable qui peut nuire à autrui. Mais une fois que la phrase est dite, une fois que le geste est posé, il ne reste qu'à constater l'évènement et en tirer une leçon. Rien ne sert de se flageller éternellement. Servons-nous de la situation pour comprendre et ne plus répéter le geste en question, l'action qui, au fond, ne nous sert que peu.

Einstein disait : *« La folie consiste à refaire sans cesse la même chose et à s'attendre à des résultats différents... »*

Eh oui! Nous avons besoin de faire et refaire les mêmes erreurs, encore et encore, pour, un jour, pouvoir passer à autre chose.

Malheureusement, il nous faut apprendre à la dure, il nous faut peiner pour progresser. De plus, il est certain que, si on ajoute la culpabilité aux soi-disant erreurs commises, nous aurons tendance à ne plus tenter grand-chose, nous décourageant à l'avance des résultats possibles. Une relation amoureuse qui se termine est le meilleur exemple pour démontrer tout l'enchevêtrement des émotions, regrets, erreurs et prises de conscience qui déferlent dans la vie d'une personne, dans un court laps de temps. La douleur qui nous assaille lors d'un évènement de cette ampleur ravive nos blessures, les amplifie et nous projette immédiatement dans une quête d'analyse, pour réussir à tout comprendre. Quels faux pas avons-nous faits? Comment aurions-nous pu changer le destin pour faire en sorte que cette situation ne se produise pas? N'étions-nous pas faits pour être ensemble pour toujours, comme le veut la croyance? Il nous faut à tout prix trouver l'erreur!

Pourquoi ne pas regarder la pièce de théâtre, assis bien confortablement dans la salle. Bien sûr, vous me direz : « C'est plus facile à dire qu'à faire! » J'en conviens d'emblée! Mais, pour un instant, tentons l'expérience.

Deux personnes ont formé un couple pour un certain temps. Ils ont jumelé leurs différences, leur éducation, leurs qualités et leurs défauts pour se façonner une vie à deux qui correspondait à leur perception du couple. Dès le départ, un énorme défi les attendait. Comment fondre, en une entité commune, deux vécus si diamétralement opposés? Mais bon! Nous cherchons tous la relation qui va nous combler. Et voilà! L'humain étant ce qu'il est, nous voulons vivre l'amour, un point c'est tout!

Rien de pire qu'un être qui vient de décider de VIVRE L'AMOUR. Dans cette situation, l'autre n'a guère de choix. Une personne se présente, elle semble parfaite pour répondre à nos désirs, et nous plongeons tête première dans ce qui nous semble être l'eau turquoise des Caraïbes. Bien sûr, notre comédien de service a bien pris soin de se présenter en premier, pour assurer la réussite de la rencontre. Mais, au fil du temps, notre vraie personne prend place dans le train du quotidien et notre comédien plus que parfait cède son siège à un être normalement constitué. S'installent alors les compromis. La dynamique se précise, les forces de l'un et les faiblesses de l'autre s'enracinent, les insatisfactions naissent et, un beau jour, on fait ce regrettable constat : c'est la fin de la relation. Au-delà du « qui n'a pas compris l'autre? », voilà seulement deux personnes qui ont vécu un ensemble de situations et qui réagissent d'une certaine façon, sans plus.

Partant du principe qu'« on ne peut changer l'autre même si cela semble toujours plus facile de s'y obstiner », il n'y a qu'un seul constat possible : les limites de l'un ou de l'autre, ou des deux protagonistes, ont été respectivement atteintes. Est-ce la faute de celui qui a trop ou pas assez donné ou plutôt celle de l'autre qui n'a pas su faire valoir ses priorités? Est-ce l'erreur d'avoir caché certaines priorités de vie ou de s'être soustrait à une bonne chicane en évitant les sujets délicats? Nous décidons souvent qu'il est préférable d'éviter les confrontations, pour acheter la paix, quoi!

La pièce de théâtre se déroule devant nous. On voit nos deux acteurs faire leur possible pour entretenir le couple du mieux qu'ils le peuvent, répondre aux besoins de l'autre en tentant de ne pas s'y perdre eux-mêmes, multiplier les efforts et le reste, et le reste!

Est-ce que l'un mérite plus que l'autre le titre de « coupable »? L'un des deux possède-t-il la vérité plus que l'autre? Certes non! Nous sommes en présence d'un homme et d'une femme habités du même désir de former une union durable, mais ayant tous deux leurs limites, leurs valeurs et expériences de vie, ainsi que leurs perceptions de ce qui doit ou ne doit pas être fait. Un point c'est tout! Le fait que ce couple en arrive à la rupture, contrairement à un autre qui dure, ne dépend en rien de leurs qualités ou de leurs défauts. Tout dépend simplement de leur capacité à gérer leurs différences et à s'adapter au contexte.

Donc, il n'y a ni erreur ni faute!

Maintenant, toujours bien installé dans la salle du théâtre de la vie, qu'y a-t-il de potentiellement formateur dans cette situation? Premièrement, si nos deux ex-amoureux portent un regard sur eux-mêmes et non sur l'autre, ils y trouveront un grand nombre d'éléments à comprendre. Peut-être avaient-ils un peu précipité leur décision de s'établir ensemble pour combler un besoin non assouvi?

Peut-être est-ce l'occasion d'apprendre à mieux poser ses limites, à améliorer une estime de soi un peu déficiente. Apprendre à mieux écouter, à regarder les évènements tels qu'ils sont, d'une façon plus détachée, sans distorsion. Finalement, apprendre de cette expérience et non pas accumuler des frustrations et des regrets qui ne feront que compliquer encore plus les prochaines relations. Car, bien sûr..., il y aura d'autres « relations »!

Il faut sortir de la zone « émotion » sans, bien sûr, l'éviter. Car, si cette zone existe, c'est qu'elle a sa place. Au fond, il faut se respecter, vivre l'orage, l'accueillir sans accusation et sans jugement, et commencer ensuite l'apprentissage. S'asseoir sur son banc d'école personnel et, toujours sans jugement, examiner ses points forts et ses points faibles pour mieux les travailler et les maîtriser. Le but étant d'alléger sa vie, de la simplifier. D'expérience en expérience, en arriver à mieux se connaître comme individu. Plus on est libre et autonome, plus on peut faire des choix éclairés qui correspondent parfaitement à ce que l'on est.

Une séparation, comme celle relatée ici, est une occasion parmi tant d'autres de revenir à soi, de se regarder et d'apprendre. Il n'y a plus d'erreur, plus de culpabilité, seulement deux personnes qui ont expérimenté la vie commune pendant quelque temps et qui, finalement, se quittent.

Le choix nous appartient. Nous pouvons décider de mettre la faute sur l'autre, de l'accuser de tous les maux et de fermer les yeux sur la partie qui nous revient. Donc, décider de ne rien apprendre. Et ensuite avoir la surprise de vivre et revivre, plusieurs fois encore, le même type de problématique. Il n'est pas rare de croiser exactement le même genre de personnes sur notre chemin, des personnes qui nous ramènent, une fois de plus, là où nous en étions, au dernier chapitre de notre roman personnel. Et là encore, on se demande pourquoi nous avons un billet pour le même spectacle. C'est toujours un signe assez clair qu'un travail s'impose, lorsque les évènements se succèdent et se répètent constamment. Le signe qu'un ménage s'impose sur le plan personnel.

Comme je le disais à une amie aux prises avec ce genre de dilemme : «Lorsque tu seras assez fatiguée de renouer avec les mêmes situations…, tu vas bouger, je te l'assure! Pour le moment, tu n'es pas encore assez exaspérée. »

Toutefois, j'avoue que l'on est cent fois mieux préparé à justifier la redondance qu'à se prendre en main et désirer changer, ne serait-ce qu'une infime partie de notre perception. On se complait si bien dans nos vieilles chaussures, malgré les trous et la semelle décollée! Accuser l'extérieur semble toujours plus facile que de se regarder dans les yeux et s'avouer la vérité. Pourtant, si nous excluons le jugement et la critique, il est facile de seulement se dire:

« Voilà! Je suis comme je suis. Voilà certaines habitudes qui ne fonctionnent pas, en voilà d'autres qui me servent bien. Je suis en cheminement, j'avance et j'accepte ce que je suis en ce moment, tout en sachant bien que mes efforts font en sorte que je devienne une meilleure personne de jour en jour. »

Seulement s'avouer les vraies affaires, en toute simplicité, se dire la vérité, se regarder dans le miroir sans maquillage et sans artifice, se voir comme on est, avec nos forces et nos faiblesses. Se dire que personne n'est supérieur à personne, que le voisin a lui aussi sa part de travail à faire. Que malgré sa grande maîtrise de certains aspects de sa vie, subsiste chez lui un nombre équivalent de carences qu'il devra affronter le temps venu. Donc, personne n'est supérieur à personne, on est seulement différent.

On connaît tous une tante, un oncle, un cousin ou un ami qui semblent être prêts en tout temps à se mettre « ventre à terre », à s'oublier eux-mêmes pour une tierce personne.

« Ah! quelle grande dame! » « Ah! comme il a le cœur sur la main! » « La générosité même, ce type! »

Faire plaisir sans attente, juste pour faire plaisir, juste pour rendre la vie d'une personne plus agréable et plus belle l'espace d'un instant! Honnêtement, je n'y crois pas beaucoup!

Un humoriste de renom, récemment décédé, disait :

« Les gens avaient un si grand besoin de rire, mais moi, j'avais encore plus besoin qu'eux de les faire rire. »

L'amour altruiste pur, c'est-à-dire sans rien attendre en retour, dans une complète abnégation de soi... Vraiment? Le feriez-vous de cette façon pour un total inconnu? Probablement que non, car l'amour de « l'homme », nécessaire pour en arriver là, est si rare et demande un cheminement si grand, que peu de gens en sont sincèrement capables.

Au fond, si on se l'avoue vraiment, il reste toujours une petite attente, sournoise et bien présente. Voir la réaction de l'autre, se sentir comme une « bonne personne », ça nous rend si heureux! On n'y échappe pas, ça reste un échange d'énergie de part et d'autre. L'équilibre doit toujours être présent, tout comme dans l'univers entier.

Les gens qui ne font que donner sont en déséquilibre dans leur vie et, un de ces jours, la vie reprendra son dû pour rétablir les faits. Tout comme des vases communicants, il doit y avoir autant de liquide dans l'un comme dans l'autre. Au fond, tout l'monde y trouve son compte : « Je donne, tu reçois, je vois ta réaction et ça me remplit de joie. » Voilà une formule simple, mais ô combien véridique! Je m'adresse ici à des gens ayant les yeux bien ouverts et le regard pointé vers le ciel. Ce n'est pas être négatif, mais plutôt être positivement éclairé.

Est-ce mal de juste voir, de seulement constater? Certes, non!

Selon moi, il est préférable de voir un ciel ennuagé que de prétendre à un ciel éternellement bleu. De cette façon, la tempête sera vécue comme une probabilité acceptable et non comme une catastrophe.

Si je conduis une moto, mes risques d'accident sont décuplés, comparativement à ceux de mon voisin qui utilise les transports en commun. Je m'expose à un danger supplémentaire. Alors, si un accident survient, dois-je en être surpris? Frustré? Enragé face à la vie? Non!

Je fais un choix supposément éclairé, en toute connaissance de cause. M'imaginer que jamais rien de grave ne peut m'arriver suppose une inconscience des responsabilités inhérentes à la vie terrestre. Si je fais le choix d'habiter au pied d'un ancien volcan, comme à San Salvador, il est possible qu'un jour, une coulée de lave anéantisse ma maison. Il est aussi possible qu'en cette vie, un tel évènement ne se produise jamais, mais être réaliste, c'est regarder la vie bien en face, la vivre en toute conscience et non comme un mirage qui se transforme au gré de nos désirs ou de nos perceptions. La situation est ce qu'elle est! Et voilà!

Alors, on fait quoi dans tout ça? On prend cette vie qui est la nôtre et on la vit tout simplement, sans manquer un seul chapitre. On saisit chaque occasion pour expérimenter et apprendre sur soi, dans le seul but de devenir un être humain encore plus conscient, plus vrai. Et la beauté dans tout ça, c'est qu'au fil du temps, au hasard des rencontres comme seule la vie est capable de provoquer, nous pourrons influencer positivement les gens qui viendront à notre rencontre. Ces personnes qui s'ignorent encore, mais qui, somme toute, cheminent inconsciemment vers la vérité, vers leur vérité respective.

-9-
La flexibilité de la pensée

Pouvez-vous affirmer, sans me mentir ou sans VOUS mentir, le plus honnêtement du monde, que ce que vous pensez actuellement sera exactement ce que vous penserez l'an prochain, dans deux ans ou même encore dans cinq ans?

Peut-être que certains d'entre vous me diront oui et que d'autres se rendront objectivement à l'évidence qu'il est fort à parier qu'une opinion se modifie au fil du temps. Eh bien! Pour ma part, je n'ai aucune idée de quoi demain sera fait!

Comment puis-je en savoir quelque chose? D'ici ce temps-là, une foule de facteurs feront en sorte que ma perception sera altérée d'une façon ou d'une autre, et cela en de multiples occasions. Je vais grandir, cheminer, vivre toutes sortes d'expériences et constamment me refaire une idée de ce qui est bon ou mauvais pour moi.

Dans son livre intitulé One, Richard Bach, l'auteur du « *best-seller* » Jonathan Livingston le Goéland, s'amusait à jongler avec l'idée que, chaque fois que nous prenons une décision, une partie de nous s'oriente vers la droite et une autre partie de nous vers une tout autre possibilité.

Par exemple : un emploi m'est offert soudainement, et je suis dans l'indécision. J'accepte et je déménage dans une autre ville. J'achète une nouvelle maison, je rencontre peut-être une nouvelle personne… et voilà ma vie qui change radicalement. Ou bien, je refuse le nouveau travail, je garde mon emploi actuel, je conserve ma résidence, je la rénove…

Selon Back, aussitôt que mon choix est fait, il y a comme un « petit moi » qui poursuit sa route dans l'autre direction et simultanément un autre « petit moi », différent du premier, qui maintient la route déjà établie. Les deux versions expérimentent la vie différemment, en simultané.

À l'époque où j'ai découvert ce livre, mon conscient a eu beaucoup de difficultés à saisir ces propos. Je me souviens que l'idée continuait à faire son chemin dans ma tête. Aujourd'hui, sans la prendre pour une vérité absolue, je vais m'amuser avec cette idée, en revenant au fait que chaque jour, effectivement, nous sommes confrontés à plusieurs décisions. Certaines ont peu d'incidence sur notre vie, mais d'autres sont d'une importance capitale pour notre avenir. Occupons-nous seulement des décisions sans conséquence apparentes, juste pour nous rendre compte que, peut-être, de petits choix faits aujourd'hui ont, quelques années plus tard, des répercussions de grande envergure.

À l'époque de ma première carrière, lorsque j'étais dans le domaine de l'électronique, j'ai réalisé qu'il me manquait un passe-temps. J'en avais déjà quelques-uns, mais je me disais que de la nouveauté me ferait le plus grand bien. La compagnie pour laquelle je travaillais avait son siège social dans un complexe commercial d'où, à quelques portes, une petite station de télé communautaire opérait. Cela faisait un bon bout de temps que j'y pensais et, un certain soir, j'ai décidé d'en connaître un peu plus sur leurs activités. J'ai alors su qu'ils cherchaient toujours des bénévoles prêts à donner quelques heures de leur temps chaque semaine pour, en retour, en apprendre plus sur le domaine. Donc, au menu, du social et un peu d'apprentissage, ce qui me convenait parfaitement.

À cette époque, rien ne laissait prévoir qu'un jour prochain, je serais confronté à l'idée de quitter mon emploi principal et de réorienter ma carrière. J'avais seulement le désir de faire quelque chose de différent qui m'apporterait une certaine détente, un soir par semaine.

Donc, ici, plusieurs possibilités se présentent : constater mon besoin de m'évader et ne rien faire ou choisir une autre activité, peut-être plus sportive, ou bien encore prendre la petite porte de côté et aller glaner de l'information sur quelque chose de complètement inconnu.

La facilité, c'est toujours le statu quo. On oublie le message de son petit doigt et on attend que ça passe. On peut sûrement trouver mille et une raisons de ne rien faire, comme se dire : « Au retour, après une dure journée, je suis trop fatigué. Je préfère rester à la maison tranquille. » Ou encore : « Bof! Pourquoi me placer dans un contexte stressant où je ne connais personne, dans un domaine totalement inconnu qui va me demander un effort de plus? »

La justification a bien meilleur goût!

Heureusement pour moi, j'ai choisi d'outrepasser mes peurs, mes appréhensions et d'y aller à fond. Lorsque je regarde le résultat, après toutes ces années, cette banale petite soirée de quelques heures par semaine, à l'origine pour me changer les idées, est devenue mon activité principale quand j'ai décidé qu'un changement de carrière s'imposait. Et pour ajouter à l'histoire, surprise totale, elle est devenue mon travail à temps plein des vingt dernières années. Une petite décision qui a changé le cours de ma vie et qui m'a ouvert une séquence d'évènements impossibles à imaginer le soir où, prenant simplement de l'information, j'ai décidé d'apposer ma signature au bas du feuillet d'inscription.

Pour résumer rapidement les conséquences de ce petit geste anodin, disons simplement que j'ai changé de carrière. J'ai découvert en moi un potentiel insoupçonné, j'ai changé de ville à plusieurs reprises, j'ai appris à me faire respecter, à me faire confiance, j'ai connu différentes cultures, je me suis découvert des passions dont j'ignorais l'existence et j'ai fait la paix avec mon passé. Tout ça pour seulement avoir dit « Oui » à cette chance qui se présentait par un beau soir de septembre.

Comme vous voyez, chaque évènement peut changer mon opinion, modifier mon approche face à la vie et établir de nouvelles bases sur lesquelles je me construis moi-même. Donc, prédire que dans cinq ans je serai exactement la même personne, que je penserai de la même manière et agirai selon les mêmes règles qu'aujourd'hui, ça semble moins évident, n'est-ce pas? Il faudrait n'avoir rien vécu du tout, s'être cloîtré dans un monastère loin, même très loin de la civilisation, mais là... j'aurais tout de même vécu ce que l'on appelle de l'isolement. Ce qui, là aussi, aurait été encore quelque chose de bien intense dans ma vie.

Reportons-nous à notre enfance pour un instant, pour l'espace d'un seul moment. Comme tout nous semblait lointain, simple, éternel même!

Je me souviens que ma petite voisine était ma meilleure amie et que c'était, bien sûr, pour toute la vie! J'aimais la musique d'un certain groupe et je ne pouvais croire que dans dix ans, ce qui m'apparaissait déjà comme un millénaire, je changerais d'avis sur un fait aussi évident. Je voulais devenir policier, comme mon oncle préféré, et il était clair comme de l'eau de roche que c'était ma destinée. Je voulais sauver les gens des malfrats, des voleurs de banque et autres persécuteurs. Même qu'à l'époque, dans sa grande humanité, cet oncle avait renforcé mon désir de suivre ses traces en me confiant que, dans une semaine normale, son travail consistait à prendre sur le fait pas moins « d'une vingtaine de voleurs ». C'était donc inscrit dans mes gènes : je serais représentant de la loi!

Pourtant, dans ce temps-là, changer d'idée n'avait rien de si grave. Je pouvais me trouver une autre meilleure amie sans problème. La culpabilité relative au changement ne m'habitait que rarement.

Comme bien d'autres enfants, tout comme vous assurément, j'ai changé d'idée, je suis passé à d'autres idéaux. J'ai réfléchi et j'ai nuancé mes choix. De prime abord, c'est normal, me direz-vous. On est jeune et on prend de la maturité avec les années. Notre regard sur le monde s'altère, nos points de repère prennent ancrage sans que cela paraisse. Et un jour, nous nous retrouvons jeune adulte, bien enraciné dans nos structures intellectuelles et soudainement peu enclins à les remouler.

Pourquoi donc être passé de cet état d'enfant, souple, malléable, en constante transformation, pour devenir l'être que nous sommes maintenant, rigide, fixe et borné?

Tout dernièrement, sur la chaîne américaine PBS, le Docteur Wayne Dyer donnait une conférence et citait en exemple les grands palmiers qui longent la plage où il habite à Maui. De grands palmiers, majestueux et robustes, qui, lors de grands vents, conservent une impressionnante flexibilité, et ce, de façon surprenante. Ils peuvent fléchir de droite à gauche sans problème. De cette façon, ils suivent le rythme du vent et évitent les cassures. Pourtant, lorsqu'on les regarde de près, ils semblent aussi résistants que n'importe quel arbre, mais ils ont dû fort bien s'adapter à leur environnement particulier pour survivre aux vents violents provenant de la mer en certaines périodes de l'année.

Nous avons, nous aussi, cette flexibilité en nous dès notre arrivée en ce monde. Mais, pour plusieurs raisons, nous cherchons à rigidifier nos modes de pensée le plus tôt possible, question de nous sécuriser et de nous donner l'impression d'avoir une quelconque connaissance. Malheureusement, plus le temps passe, plus il devient difficile de s'inscrire en faux.

« La flexibilité de la pensée » prend tout son sens lorsque la vie frappe à la porte pour proposer des changements majeurs. Nous ne pouvons pas nous ancrer dans ce que nous désignons comme étant « la vérité ». « Ce que nous concevons aujourd'hui comme étant **la vérité** ne l'est que pour l'instant où nous le vivons. »

Ne plus avoir peur de s'avouer vaincu, de se rendre compte que notre vision n'est pas nécessairement la meilleure, cela nous permet de repartir immédiatement sur des bases nouvelles et de passer à une autre étape rapidement, sans nous accrocher les pieds dans le tapis et faire du surplace inutilement.

Je vous donne un exemple :

Yanick vit avec sa conjointe depuis dix ans. Un enfant est né de l'union, Rose, toute mignonne du haut de ses cinq ans avec ses cheveux noirs bouclés. Provenant d'une famille très unie, composée de quatre autres frères et sœurs, l'éducation de Yanick est le reflet du travail et de l'engagement de ces liens familiaux. Marié à Carmen, une urbaine dans l'âme qui pratique un trop prenant travail en comptabilité ne lui laissant que peu de temps pour d'autres activités, la naissance de la petite a donc fortement bousculé certaines de ses habitudes de vie.

Pour Yanick, c'est la famille à tout prix. Il désire à coup sûr un deuxième enfant et, encore mieux, un troisième. Pour Carmen, déjà éprouvée plus qu'elle ne l'aurait cru, c'est hors de question! Agrandir la famille de la sorte est incompatible avec ses plans de carrière. Pour elle, qui est à la base plus radicale, cette pression constante de se partager entre son travail, son rôle de mère de famille et le pressant désir de son mari d'avoir un enfant de plus devient insupportable. Doucement, mais sûrement, le fossé se crée. Leur définition respective du couple se cristallise, et tous deux se campent dans leurs positions. C'est donc la fin de l'aventure, malgré bon nombre de soirées à discuter et à tenter de trouver un terrain d'entente. C'est bien difficile lorsque les positions sont ancrées de la sorte.

Pour Yanick, c'est absurde d'en arriver là : « Une famille, ça ne se sépare pas, ça travaille ensemble et ça passe au travers des embûches! » Et pour la survie du noyau familial, il était même prêt à oublier l'idée d'avoir d'autres enfants, à faire comme si tout se vivait correctement, même sans garantie du résultat. Toutefois, il maintenait, profondément caché en lui, ce sentiment qu'un seul enfant ne le satisfaisait pas complètement, qu'une vraie famille, c'était au moins deux bambins, sinon trois.

Une image bien gravée en lui, programmée depuis l'enfance, qui, dans son cas, supplantait toute logique.

En regardant la situation d'un peu plus près, d'entrée de jeu, je dirais que notre couple se retrouve en situation de « catch 22 », c'est-à-dire qu'il n'y a pas de solution miracle pour sauver leur relation. De un, la rigidité de Carmen face à ses choix de carrière et à sa vision de la famille s'oppose totalement à celle de Yanick qui nourrit un grand intérêt face à la cellule qu'ils composent et à leurs liens familiaux. Sa réalité est différente, son éducation est différente, de même que ses besoins. Son expérience est à l'opposé de celle de sa compagne.

Par contre, tous deux sont dans un état de rigidité extrême qui les enferme, qui les emprisonne. Tous deux ont raison quant à leurs exigences respectives, mais ni l'un ni l'autre ne peut se sauver du naufrage qui s'annonce, à cause de ce manque de flexibilité qui les caractérise. Oui! Yanick est bien prêt à rester malgré tout, mais sera-t-il vraiment heureux dans un tel contexte? Le problème demeure entier : lui qui désire toujours un ou deux enfants de plus, et elle qui maintient toujours l'idée que leur unique petite fille comble sa vie, pour le moment. Sans compter que dorénavant, elle est bien informée du désir de son conjoint. Elle sait l'importance que Yanick accorde à une grande famille et elle vit constamment avec le fardeau d'être la responsable de l'insatisfaction qu'elle lui fait vivre.

Il y a probablement fort longtemps que ces valeurs se sont programmées, se sont inscrites en eux, représentant, pour chacun d'eux, l'idéal « enfant-famille ». L'éducation de leurs parents, la société, les amis et les évènements de la vie leur ont inculqué ces idées qui, aujourd'hui, ne peuvent plus se modifier. Ils sont prisonniers d'eux-mêmes, de leurs façons de penser, chacun étant absolument convaincu qu'il ou elle a raison et que l'autre a tort. Et, pire encore, ils ne peuvent plus rien y changer. Pour Carmen, le bonheur est représenté par une carrière gratifiante. Son accomplissement personnel intense et un seul enfant complètent merveilleusement le tableau. Pour Yanick, être heureux consiste plutôt à vivre dans le moment présent, simplement, en investissant plus dans des valeurs familiales. Tous les deux se sont bâti une représentation du parfait bonheur, sans comprendre que ce type de bonheur est peut-être introuvable, là où ils pensent.

Une de mes amies s'était toujours fait croire que, si un jour elle trouvait l'homme parfait pour elle, s'ils avaient une maison, un travail et des enfants… elle serait parfaitement heureuse. Eh bien! À 28 ans, alors qu'elle était mariée, mère de deux bambinos et propriétaire d'un joli bungalow en périphérie de la grande ville, elle s'est claqué une dépression pas piquée des vers. Sa perception du bonheur ne tenait plus la route. En théorie, elle avait tout ce qui devait la rendre heureuse, mais, en réalité, elle se voyait complètement triste et perdue. Le choc fut brutal. Elle devait revenir sur ses concepts préfabriqués de joie de vivre et de satisfaction, ceux trop souvent véhiculés par la publicité, les médias et la société de consommation, pour retrouver en elle ce qui la rendait vraiment heureuse, ELLE, et non pas la société en général.

La vie, c'est le mouvement, la transformation, l'évolution. Les formes se déplacent, s'altèrent, se modifient. Les pensées aussi. On ne doit pas s'emmurer dans l'immobilisme et se faire prisonnier soi-même. Ce n'est pas Carmen qui emprisonne Yanick, ni Yanick qui emprisonne Carmen, mais bien les deux par rapport à eux-mêmes. Pouvons-nous être d'accord avec le fait qu'une perception datant de l'enfance ou générée par l'extérieur, dans des contextes précis, puisse créer un univers faussement orienté et, somme toute, nullement représentatif de nos valeurs actuelles? De plus, pouvons-nous imaginer qu'une personne, dans les mêmes circonstances, puisse comprendre et assimiler des données contraires à ce qu'elle a toujours appris, fondant, par le fait même, une échelle de valeurs différente ou mieux pondérée?

Il est donc normal de constamment remettre en question ce que nous pensons et d'admettre que rien n'est immuable, que ce que nous avons cru vrai hier peut subtilement se transformer aujourd'hui et nous apporter un meilleur équilibre, un bonheur plus vrai.

Dans toute leur vie, mes parents n'ont jamais possédé de maison. Ayant un grand besoin d'espace et d'air, pour répondre à mes intérêts plus que nombreux, ce confinement m'a longtemps perturbé. J'avais besoin d'être en expansion, sans limitations physiques ni psychologiques. Pour mes parents, l'aspect financier importait plus que tout au monde, encore plus que mes complaintes par rapport à cet espace calculé en mètres carrés. Donc, pendant 25 ans, c'est-à-dire jusqu'à mon départ du nid familial, j'ai dû ronger mon frein et exercer ma patience, me disant qu'un jour prochain, j'allais quitter ce lieu de confinement pour vivre dans mon espace à moi. Le temps venu, personne n'a donc été très surpris de me voir opter, non pas pour un appartement, mais plutôt pour la location d'une maison. Pour moi tout seul.

Je devais compenser toutes ces années de réclusion monastique, pendant lesquelles j'avais été contraint d'empiler pièce sur pièce, frôlant la claustrophobie, en ayant dorénavant plus d'espace qu'il ne m'en fallait.

Enfin, je vivais! Je respirais!

Ici, j'étalais ma batterie, là, mes disques, mon coin bricolage là-bas et je prenais toute une pièce pour un simple bureau qui aurait très bien fait l'affaire, en garde partagée, dans une autre pièce, et ainsi de suite... Un grand manque mène souvent à l'excès. L'équilibre doit en tout temps être atteint, que cela prenne une journée ou un siècle.

Alors, pendant plus de dix ans, chaque endroit où je mouillais l'encre était une maison, jamais un appartement. Ça respectait la promesse que je m'étais faite : ne plus jamais revivre le manque de confort de mon enfance chez mes parents. Et j'ai suivi mon plan de match à la lettre.

De plus, j'avais régulièrement la bougeotte. Ma moyenne de temps d'occupation variait d'une à deux années par endroits. Je trouvais toujours quelque chose de différent, mieux adapté à mes désirs. Les déménagements ne me troublaient pas beaucoup. J'y prenais même le plaisir coupable de repartir à zéro, presque chaque fois. Un plaisir pour moi, peut-être, mais, je l'avoue, pas pour mes amis qui se tapaient camion de déménagement après camion de déménagement... Apprendre que j'allais déménager ne correspondait jamais à une bonne nouvelle pour eux.

Et la vie suivait son cours. Les maisons se succédaient, plus agréables les unes que les autres.

On apprend beaucoup sur soi dans ce genre de situations, on travaille sa capacité d'adaptation. On fait aussi du ménage ici et là, car il vient un moment où ces quelques boîtes qui n'ont jamais été déballées depuis les trois derniers déménagements finissent par nous faire comprendre que leur contenu n'est peut-être pas si utile qu'on le croyait et qu'elles encombrent notre vie sans raison valable.

Cela vaut aussi pour nos bagages mentaux, toutes ces boîtes remplies à craquer que nous trimbalons dans notre tête depuis si longtemps. Comme c'est rafraîchissant de jeter, de se départir du vieux pour créer de l'espace pour du neuf! Faites l'exercice et vous verrez. C'est difficile au départ, mais ça vaut la peine, je vous le jure!

Une fois mon équilibre atteint, mon espace vital bien en main, tout allait bien. Plus jamais d'appartement pour moi! Vingt-cinq années chez mes parents m'avaient convaincu du bienfondé de cette décision. J'avais coulé cette pensée dans le béton et rien au monde n'allait changer quoi que ce soit à ce sujet.

Mais voilà qu'un jour, la vie m'a proposé autre chose. L'emploi de la dernière décennie, celui dont je vous ai parlé précédemment, devait se terminer. Une brèche apparaissait et c'était le temps, ou jamais, de m'y faufiler. Malheureusement pour moi, je sentais l'appel vers de nouvelles aventures, mais sans toutefois savoir vraiment de quoi il s'agissait, ni où, quand et comment. Me réveiller le matin était devenu une corvée, mon humeur en souffrait, ma motivation avait largué les amarres depuis fort longtemps. C'était le temps de quitter cet emploi.

J'ignorais ce que je voulais faire par la suite, mais j'étais convaincu que je ne voulais plus faire ce travail-là. Toutefois, ne connaissant pas l'avenir, ayant quelques économies pour survivre un certain temps, mais quand même pas pour l'éternité, je me retrouvais devant un choix très déchirant par rapport aux promesses que je m'étais faites lors de mon départ de la résidence familiale. Je ne pouvais supporter financièrement la location d'une maison. Bien sûr, je pouvais tenir encore quelques mois, mais combien de temps durerait cette transition, ça, je l'ignorais.

Et si le stress de toutes ces factures, ces paiements mensuels et autres avaient raison de ma motivation à trouver un emploi dans un autre domaine? Si tous ces tracas m'empêchaient de pouvoir vraiment repartir sur des bases différentes? Devrais-je alors effectuer un repli défensif et me résoudre à retourner dans ce domaine que je détestais et qui me rendait si misérable? Tout ça pour continuer à vivre dans cette maison louée à grands frais? Tout ça pour rester fidèle à une promesse faite à l'âge de 25 ans, basée sur les limitations de ma vie d'enfant, des limitations qui correspondaient aux choix de mes parents, à leur façon de vivre?

J'ai remué le tout dans ma tête tellement de fois, cherchant des solutions miracles, évaluant les pistes A, B, et C sous toutes leurs coutures, mais rien de tout cela n'avait de sens pour moi. Est-ce que j'allais m'emprisonner professionnellement, gâchant probablement plein d'opportunités, pour seulement éviter de revivre en appartement, ne serait-ce que pour un court laps de temps?

Cette fois, pour rester libre, j'ai dû assouplir cette résolution trop rigide et accepter le demi-sous-sol de quatre petites pièces que la vie me présentait sur un plateau d'argent, pour rester libre de choisir ce qui me semblerait bon pour moi en tout temps. Et ça, je vous jure que ça n'a pas de prix! Rien au monde ne peut battre ce sentiment de liberté!

Alors, au fond, pour l'espace de seulement un an, j'ai pu prendre mon temps, bien réfléchir à mes besoins, à mes aspirations, et accueillir à bras ouverts cette offre franchement peu rémunératrice, mais qui est devenue mon tremplin pour les vingt années suivantes.

J'avais le choix, c'était **MON CHOIX** : je m'enfermais dans mes vieilles pensées, faites du bois mort du passé, ou je lâchais prise et acceptais de les modifier, de devenir plus flexible, pour m'ouvrir sur ce que la vie avait à m'offrir de mieux.

La peur est notre pire ennemi, elle nous force à justifier l'injustifiable, à rendre crédible à peu près n'importe quelle réflexion. Lorsque les portes se ferment devant nous, ça veut dire que quelque chose doit changer, qu'un passage se termine et qu'il est peine perdue de s'y accrocher.

La vie est une autoroute composée de plusieurs entrées et de plusieurs sorties. Tout au long de l'aventure, des gens nous accompagnent, nous quittent, reviennent, sentent le besoin de s'éloigner un temps pour explorer de nouvelles avenues. Se succèdent les emplois, les gouvernements, les patrons, les saisons, les amis, les idées, les maisons et tout le reste.

Demeurer flexible dans notre manière de penser nous garantit que la résistance ne deviendra pas notre lot de chaque jour. Que chaque évènement recevra l'attention nécessaire, objectivement, proportionnellement à son importance réelle. Et que notre randonnée sera parsemée de nouveautés, d'air frais, de sensations nouvelles et non pas d'anciennes reliques qui nous rappellent d'où on vient et non pas vers où on va.

À l'occasion, il nous faut renoncer à nos vieux concepts et apprendre à nous ouvrir sur l'inconnu. Il nous faut faire fi de l'insécurité qui accompagne de telles décisions pour nous laisser pousser vers une destination encore vague.

Personne ne peut dire de quoi demain sera fait. Mais on dirait qu'en certaines occasions, il y a « quelqu'un en haut » qui semble le savoir mieux que nous. Alors, cessons de parler et d'argumenter et essayons seulement de tendre l'oreille un peu plus.

-10-

Un deuil chaque jour

« **Deuil** : *perte, décès d'un parent, d'un ami. Douleur, affliction éprouvée à la suite du décès de quelqu'un, état de celui qui l'éprouve. Processus psychique mis en œuvre par le sujet à la perte d'un objet d'amour externe.* »

Larousse 2013

Tout comme l'histoire de mon collègue qui a perdu son travail, son père ainsi que son couple, nous vivons des deuils de différents type, à chaque instant de nos vies. De grands deuils comme la perte d'un être cher, mais aussi de petits, ici et là, de moindre importance, mais quand même douloureux, qui nous propulsent toujours vers l'avant. Si, bien sûr, nous acceptons de vivre ces deuils profondément, car, en tout moment, cela reste notre choix le plus personnel. Mais au fond, qu'est-ce qu'un deuil?

On parle ici d'un sentiment de perte par rapport à un être. Par contre, je veux vous faire remarquer que la sensation expérimentée lors du deuil d'une personne ne diffère en rien de celle ressentie lorsqu'une relation se termine, ou lors de la perte d'un emploi extraordinaire, ou lors du départ d'un ami proche pour un autre pays, ou encore lors de la perte d'un animal de compagnie. Nous ressentons toujours ce sentiment de vide, de désorientation. Si nous admettons les choses telles qu'elles sont vraiment, au fond, nous avons de la difficulté avec ces périodes de vie parce qu'elles suscitent en nous la sensation de perte de contrôle sur les évènements, comme un décès soudain. Rien de ce qui arrive ne relève de notre choix, nous le subissons, un point c'est tout! Le départ d'un ami est aussi une situation hors de notre contrôle, la fin d'une relation, la perte d'une maison, d'un objet de grande valeur sentimentale. Dans toutes ces expériences, nous devons subir la situation.

Donc, ces deuils provoquent un effet de surprise, une perte apparente de contrôle et un grand vide, un vide qui, au fond, ne fait que rappeler sa présence, ayant toujours été là, enfoui au fond de nous, prêt à ressurgir au moment opportun comme un ennemi sournois qui nous épiait derrière le buisson, attendant l'occasion rêvée pour réapparaître.

Encore une fois, nous devons nous demander « pourquoi ». Pourquoi réagissons-nous de la sorte? Pourquoi sommes-nous dans cet état, si désorienté, lorsqu'un deuil se présente?

Bien sûr, plusieurs d'entre vous me hurleront au visage :

- C'est parce qu'on aime cette personne, un point c'est tout! Elle nous manque!

Bon! Mais alors, est-ce parce qu'on aime cette personne ou bien parce qu'elle nous manque? Il faut choisir, car on a ici deux raisons fort différentes.

Prenons la première raison : « On aime cette personne. »

Si j'aime une personne et qu'elle décède, je vis un profond deuil. Mais est-ce que ce sentiment d'inconfort, qui me rend si carencé et non fonctionnel, vient du fait de ne plus pouvoir AIMER cet être cher ou du fait de ne plus pouvoir ÊTRE AIMÉ de lui? Car il existe une grande différence entre ces deux constats. L'un est fondé sur l'action d'AIMER contrairement à l'autre qui est de RECEVOIR L'AMOUR de l'être en question. Un donne, l'autre reçoit.

Considérons maintenant la deuxième raison : « Cette personne me manque. »

Qu'est-ce qui me manque en réalité? Sa présence à chaque jour dans ma vie? Cette belle habitude de prendre un café ensemble le vendredi, de la voir rire aux éclats à mes vieilles blagues usées? Finalement, ce qui me manque, n'est-ce pas cette connexion particulière si nourrissante qui comble un certain vide en moi?

Le nœud du problème, ce qui rend la situation difficile à vivre pour moi comme pour nous tous, c'est d'admettre la réalité. Eh oui! Encore une fois, il faut se regarder dans le miroir et se dire les vraies affaires.

D'où vient cette douleur que je ressens actuellement? Vous serez peut-être surpris de la réponse.

Présentement, on constate que la majorité des gens utilisent une douleur pour en exprimer une autre, car, bien sûr, on en cache plusieurs sous la couverture. Éventuellement, il y a un surplus qui doit être évacué.

Ici, laissez-moi un peu m'amuser à interpréter et à fabuler sur une scène vécue, lorsque j'étais adolescent, aux funérailles d'un oncle éloigné. Place au théâtre!

Une belle salle bien décorée, une petite musique de fond, des fleurs en abondance, bien sûr, car, dans notre société, elles représentent la cote d'appréciation que, de son vivant, le défunt avait auprès des gens. Quelques photos ici et là, pour bien se rappeler de son beau sourire et de ses yeux rieurs. Des gens qui entrent et sortent, quelques-uns qui restent et discutent autour du cercueil en se remémorant des passages de vie, des expériences… Tout est là, tout est conforme aux normes de la société dans laquelle je vis.

Tout à coup, je remarque une dame de forte de taille qui s'approche du cercueil. Ce n'est pas que sa corpulence soit une information importante à ce stade de l'histoire, mais cela ajoutera à l'image mentale lors du dénouement. Toute repentante et solennelle, la dame s'applique à dédier une dernière prière au défunt, sûrement pour démontrer un certain respect à cet être si cher à la famille. « Bon! Jusqu'à présent, rien de nouveau! » Donc, je poursuis ma conversation avec une cousine, tout en ayant un œil sur la scène, car mon petit doigt me dit que je pourrais manquer le spectacle du siècle! Eh bien oui! Ça y est, ça commence!

Voilà la dame qui s'exclame, en hurlant à pleins poumons :

- OH! MON DIEU! OH! MON DIEU! C'EST PAS POSSIBLE!

Et maintenant, s'ajoutent des pleurs et des convulsions.

- PAS LUI! PAS LUI!

Et elle quitte la salle en courant, pleurant à chaudes larmes, passant au travers des gens amassés autour d'elle, en bousculant même certains au passage, pour ensuite claquer la porte arrière du bâtiment.

Restant de glace devant la situation et trouvant toujours mes meilleures blagues lors de funérailles, je regarde ma cousine et lui dis tout bonnement : « Ben moi, j'le trouve pas si amoché que ça! »

Bon, j'avoue que ce n'était pas ma meilleure à vie, mais ça a fait rire la galerie et détendu un peu l'atmosphère. Mais revoyons cet épisode digne d'un film de Xavier Dolan, avec un regard plus scrutateur et, encore une fois, disons-nous les vraies affaires.

Selon moi, en général, les gens ne pleurent que rarement sur l'évènement en cours, mais bien plus sur tout un ramassis de souvenirs, de blessures et d'expériences du passé. L'évènement ne sert que de catalyseur ouvrant la porte à mille et une émotions refoulées dans les derniers jours, mois ou années. Si je reviens sur l'expérience précédente, il est facile de s'imaginer que la dame en question en avait probablement beaucoup accumulé pour en arriver à réagir avec autant d'intensité. Peut-être que dans le passé, sans s'en rendre compte, elle avait évité de vivre complètement un deuil et que toutes ses émotions enfouies remontaient à la surface. Ou, peut-être, que des choses non avouées par rapport au défunt, des regrets, de la culpabilité, lui revenaient de plein fouet au visage, devenant, somme toute, ingérables. Ou, si on extrapole, peut-être que le matin même, une prise de bec fortuite avec ses enfants, générant de l'incompréhension, un sentiment d'injustice ou des reproches mal adressés, ou bien un accrochage avec l'auto ont été la cause du débordement. Peut-être aussi qu'elle vivait une accumulation de stress au travail ou un manque de reconnaissance et que le défunt était le seul à l'aider dans sa vie, à la reconnaître vraiment pour qui elle était... Peut-être que ci... Peut-être que ça...

Ce genre de comportement est fort complexe en raison des multiples couches qui le composent. Nous ne le saurons jamais, car seule la personne concernée peut confirmer ou infirmer les vraies raisons de sa réaction ce jour-là. Et encore, elle ne les connaît peut-être pas elle-même.

L'important, c'est de réaliser qu'un deuil est une perte, un vide profond qui s'installe à la suite d'un changement majeur dans nos habitudes de vie. C'est devoir retrouver notre équilibre malgré ce manque, malgré l'absence de cette partie de nous-même qui constituait notre quotidien et qui, désormais, ne pourra plus combler notre vie. Que ce soit le deuil de nos grands-parents, d'un travail que l'on aimait, du départ de personnes que l'on côtoyait, de la vente d'une résidence fort confortable pour des raisons hors de notre contrôle, du fils qui quitte le nid familial, le vidant [enfin! certains le diront!] de son énergie, de sa musique trop forte... Un deuil, c'est aussi des habitudes de vie qui changent soudainement, ne plus voir la serveuse au resto du coin qui, chaque matin, rendait notre réveil plus agréable par un « Bonjour! » bien senti, nous témoignant cette attention qui nous manque tellement en cette période de notre vie. Ou bien encore, c'est la perte de cette chaîne en or associée à tellement de souvenirs signifiants, à des moments de notre passé que nous savons envolés à jamais.

Tellement de deuils, chaque jour, chaque semaine! Sur la ligne du temps, la vie est remplie de coupures où il faut se réajuster, se passer de quelque chose ou de quelqu'un. Des deuils, petits, moyens ou grands, mais toujours constants.

Pour mieux vivre ces périodes de transition, il est important de bien reconnaître la source de notre inconfort, de comprendre sa provenance, car, comme on l'a dit précédemment, un deuil en cache souvent un autre... et un autre... et encore un autre. Il faut apprendre à pleurer la bonne émotion, nous permettre de libérer la pression interne, au fur et à mesure, pour ne pas empiler couche sur couche jusqu'au point de ne plus comprendre les raisons de notre souffrance.

Je réalise que je suis triste, alors je me pose cette question : « Mon désarroi est-il provoqué par cet évènement ou par plusieurs autres de mon passé? »

Si c'est le cas, alors, sans jugement et dans une totale ouverture, je m'adonne à une sérieuse introspection et je tente d'accueillir ce qui me rend triste. Je me demande : « Quelle partie de mon passé, quel souvenir m'affectent tant? Qu'est-ce qui remonte en moi présentement? Est-ce que le vide créé par cette perte vient d'une carence que je traine depuis longtemps? Quelle est cette partie de moi qui ne peut accueillir et accepter ces changements? »

Vous verrez : c'est souvent très subtil!

Lors d'un souper romantique avec ma conjointe, il y a de cela quelques années, voilà qu'elle me fait soudainement un reproche très vindicatif et grandement exagéré à propos d'une opinion que j'exprimais. Je l'ai regardée et l'ai interrogée sur les motifs réels de son commentaire, car je trouvais qu'il était démesurément méchant et qu'il cachait peut-être un autre niveau de frustration.

Heureusement pour moi, elle a tout de suite accepté de fouiller un peu. Elle m'a alors avoué qu'une altercation avec sa fille adolescente, le matin même, l'avait grandement blessée. De plus, avoir vu sa fille gagner, malgré l'absence d'arguments convaincants, l'avait fait se sentir fort diminuée.

En continuant d'en parler, d'autres indices se sont mis à ressurgir, suscitant de nouvelles pistes de réflexion. Ce sentiment de petitesse remontait jusqu'à son enfance alors que son père, peu présent, ne ratait jamais une occasion d'imposer ses idées, laissant croire à tous ses enfants qu'ils étaient ignorants et dépourvus d'intelligence.

Ah bon! Voilà donc la source du problème! Dans son enfance, elle avait subi l'influence d'un père plus enclin à déprécier qu'à complimenter, qui imposait ses vues en laissant ses enfants sous l'impression d'être des moins que rien. C'est cette émotion désagréable qui, stimulée le matin même par l'altercation avec sa fille, avait ressurgi ce soir, lors de notre banale conversation.

Je la comprenais que trop bien. C'était comme un jeu des poupées russes : on réagit… mais sans trop savoir à propos de quoi et pourquoi. Pourtant, il n'y a pas de honte à découvrir ce qui nous rend tristes, malheureux ou inconfortables, au contraire!

Le souper a quand même gardé sa saveur romantique et même encore plus, car ça m'a permis de connaître ma conjointe sous un angle nouveau. Et elle, en prenant conscience de la source de son émotion, a pu mieux l'apprivoiser. Nous avons poursuivi le souper en tête à tête, sans gâcher toute la soirée. Nous étions donc tous les deux gagnants.

Si on veut, un jour, arriver à mieux vivre un deuil, il faut devenir de plus en plus conscient de nos réactions, de ce qui interfère dans nos vies, à chaque moment, rendant la partie plus ou moins facile. Comme nous l'avons expliqué depuis le début de ce livre, tout ne vient pas de l'extérieur, mais plutôt de nous. Tout part de nous.

Il est normal de ressentir un certain malaise lorsque la vie met fin à quelque chose, lorsqu'un changement s'opère, lorsque nous nous retrouvons confrontés à une situation complètement imprévue et hors de notre contrôle. Mais sommes-nous obligés d'être complètement désarmés, déstabilisés, au point de ne plus pouvoir accepter le changement et de souffrir jusqu'au plus profond de nos tripes? L'arbre qui résiste à des vents trop forts ne peut que casser, si la situation dégénère.

Le fait de travailler sur soi, d'apprendre à mieux se connaître, n'éliminera pas la douleur de perdre un être cher. L'amour que l'on porte à une personne fera en sorte que son absence se fera toujours sentir. Tous ces petits moments intimes qui s'envoleront pour toujours ne seront jamais réellement compensés, car ils n'appartiennent qu'à vous deux. Par contre, au lieu de pleurer sur un tas de sous-couches du passé, vous vous exprimerez plutôt sur l'évènement présent et non pas sur un ensemble d'émotions résiduelles qui s'entremêlent les unes aux autres, amplifiant inutilement votre douleur.

Que ce soit le deuil d'un humain, d'un animal, d'une situation ou d'un changement de cap, les émotions ressenties causent tout autant de souffrance. Parlez à quelqu'un qui a fait euthanasier son animal de compagnie et demandez-lui de comparer. La réponse pourrait vous surprendre!

Et voici d'autres exemples. La compagnie qui vous emploie depuis 20 ans ferme ses portes, et... tout disparaît d'un seul coup! Tous ces collègues avec qui vous vous réunissiez chaque matin, autour d'un premier café, pour parler de choses plus ou moins personnelles, de hockey, des enfants... Quel vide ressentirez-vous la semaine suivante? Et l'autre d'après? La meilleure amie de votre épouse, celle avec laquelle elle partageait tout depuis l'enfance, doit partir vers un lointain pays pour réaliser ses rêves, ayant reçu une offre qu'elle ne peut refuser... La douleur ressentie par votre épouse sera-t-elle comparable à celle que nous avons décrite dans les autres exemples? Oui! Assurément! Et peut-être plus!

Il est toujours difficile, voire même impossible, de comparer et de quantifier la douleur ressentie en diverses circonstances. Tout dépend du nombre de couches dont vous êtes constitué, de toutes les carences qui se réveillent en de telles occasions, de tous les vides, petits ou grands, qui vous habitent déjà et qui étaient, jusque-là, compensés par ces êtres chers, par ces habitudes ou par ces objets qui disparaissent tout à coup.

Vous auriez dû voir la tête de mes interlocuteurs, lors d'une petite soirée familiale du temps des fêtes, alors que j'exprimais, en toute honnêteté, ce que j'avais vécu au décès de mon animal de compagnie!

Pour vous mettre en contexte, voici un résumé de l'histoire. J'avais eu deux chattes dans ma vie, et chacune avait eu la chance de vivre jusqu'à l'âge respectable de dix-huit ans. Cependant, en raison de sa maladie, l'une avait dû être euthanasiée de façon plus dramatique que l'autre. Les choses ne s'étaient pas passées comme à l'habitude. Disons simplement que, en voulant lui éviter de trop grandes souffrances, c'est plutôt le contraire qui est arrivé…

Donc, à cette soirée, en racontant cette aventure aux gens qui m'entouraient, j'ai ajouté, tout bonnement, que le décès de cette chatte avait été pour moi plus douloureux que celui de ma propre mère. Je n'oublierai jamais les regards accusateurs que j'ai reçus au prononcé de ces paroles! Si la guillotine avait encore existé, je crois que j'y serais passé sur-le-champ!

Toutefois, je pouvais les comprendre. Je connaissais bien les gens qui étaient présents et la relation très intime que chacun partageait avec sa mère adorée. Et là résidait le nœud. Car eux, ils ignoraient tout de la relation froide et distante que j'entretenais avec la mienne. Alors, que je puisse affirmer que la mort d'une chatte soit plus douloureuse que celle d'une mère, leur paraissait égoïste et sans cœur. Et pourtant, au niveau de la douleur ressentie, c'était bien vrai! Cette petite chatte m'avait suivi durant dix-huit années, elle avait été présente à chaque moment, triste ou joyeux, durant la moitié de ma vie. Et voilà qu'elle était morte de façon horrible, malgré mon intention, honnête et sincère, que tout se passe dans la douceur. Contrairement à ma mère qui, elle, avait été absente affectivement durant toute ma vie. Alors, si je comparais les deux décès, la perte de ma chatte était, pour moi, sans contredit, beaucoup plus immense et significative que celle de ma mère.

*

Il existe aussi des deuils qui nous ramènent face à la dure réalité, sans impliquer le décès de quelqu'un.

À la suite d'une dégénérescence hâtive de mes vertèbres cervicales, qui me causait de l'engourdissement aux mains, j'ai dû me rendre à l'évidence que certaines de mes passions ne seraient plus que des souvenirs, et ce, pour le reste de ma vie.

Très tôt, j'avais développé un intérêt pour les percussions. Jeune gamin, je ramassais des branches d'arbre, je coupais les extrémités et je les écorçais pour m'en faire des baguettes. Créatif et débrouillard, je me « patentais » une batterie avec les paniers à linge de ma mère que je positionnais à l'envers : une batterie de fortune, d'une sonorité peu enviable, mais qui satisfaisait mon criant besoin d'expression. Comme je l'ai dit précédemment, je vivais avec mes parents dans un appartement. Donc, il m'était impossible de posséder, même rêver de posséder, un jour, de vrais « *drums* » à moi et de laisser aller mes pulsions musicales. C'est seulement à l'âge adulte que j'ai pu finalement me payer cet instrument de musique, car je travaillais enfin sérieusement. Malheureusement, je ne pouvais que le regarder, car je devais rester, encore pour un certain temps, dans l'appartement de mes parents en raison de la maladie de mon père. Même très belle à regarder, il m'était interdit de faire résonner ne serait-ce que la plus petite caisse.

Un jour béni, dans ma vingt-cinquième année, j'ai enfin pu déménager dans une maison à moi et profiter au maximum de ce bel instrument de musique. Ce n'est pas que je me considérais être un grand batteur, mais le plaisir était toujours au rendez-vous. Ma batterie était une source majeure de gratifications, mais aussi, si je m'avoue les vraies affaires, elle était, en grande partie, une plus-value à mon estime personnelle. Ça impressionne toujours l'entourage lorsque tu dis que tu joues de la batterie : c'est perçu comme un instrument plus particulier que les autres!

Au fil des ans, ma batterie m'a suivi partout. De ville en ville, de maison en maison et même de relation en relation. Mais disons ici que pour une conjointe, entendre ce vacarme pouvait devenir un tant soit peu énervant à la longue. Cet instrument a la particularité d'être plus agréable à jouer qu'à écouter. Même pour moi.

Pourtant, je me voyais aisément en profiter jusqu'à la fin de ma vie, être vieux et aller faire mon petit solo au sous-sol, juste comme ça, quelques fois par semaine. Mais le destin en a décidé autrement. Il y a maintenant presque deux ans que cette usure prématurée de la région cervicale me force à abandonner mes activités musicales. Les engourdissements reviennent dès que, de mes baguettes, je frappe la peau tendue des batteries. Ça devient une limite fort dérangeante dans ma vie de tous les jours. Il m'est maintenant impossible de profiter de cette activité, et ce, pour bien des années à venir, sinon pour le reste de ma vie.

Devant un tel constat, on doit passer par plusieurs étapes : le déni, ensuite la frustration et, finalement, l'acceptation. Combien de fois j'ai regardé ma belle batterie, me voyant assis en train de jouer. La douleur que je ressentais dans ces moments, au-dedans de moi, était difficile à endurer. Une douleur telle qu'un jour, je l'ai complètement démontée et je l'ai cachée dans une garde-robe au sous-sol, juste pour cesser de la voir tous les jours me rappeler qu'elle et moi, il n'y avait pas si longtemps, on s'amusait ensemble régulièrement. Lorsque cette chose qui t'a accompagné tout au long de ta vie, qui a d'abord été un rêve d'enfant, devenant enfin une réalité à l'âge adulte, pour finalement mourir de cette façon, cette chose que tu as tant aimée ne peut te quitter sans laisser derrière elle une sensation de grand vide. Encore aujourd'hui, il m'arrive d'espérer une guérison surprise pour pouvoir reprendre mes baguettes et renouer avec le « *feeling* ». C'est un passage obligé qui prendra encore plusieurs années, je crois.

Cette blessure n'a pas mis fin qu'à ma carrière de batteur, mais aussi à ma passion pour la moto, passion que j'ai développée sur le tard.

Mes parents avaient tellement tout fait pour me « foutre une peur bleue » de cet engin, pas surprenant que jamais dans ma vie je n'aie eu l'envie de m'approcher d'un de ces moteurs à deux roues. Il était certain que j'allais me tuer ou, pire encore, me blesser gravement et devenir invalide si j'osais monter là-dessus. Ma mère était une spécialiste pour me transmettre ses propres peurs et me faire croire que ça provenait directement de moi.

J'ai donc oublié l'idée de la moto jusqu'à la mi-quarantaine. Mais là, dans un élan de nettoyage majeur, me débarrassant de toutes ces « bibittes » qui n'appartenaient qu'à mes parents, j'ai décidé de me faire « une tête à moi » sur le sujet et j'ai pris des cours, question de savoir si, finalement, c'était aussi dangereux que ma mère me l'avait fait croire et pour vérifier, par moi-même, si je pouvais aimer ça ou pas. Sans surprise, dès la première leçon, j'ai adoré! Même si, en voulant aller trop vite, j'ai « pris le décor » avec la moto dès la première leçon, mon envie de poursuivre était claire. Rien de surprenant, me connaissant!

J'aimais ce sentiment de liberté. Partir sur un « *no where* », au gré du vent, ne penser à rien pendant des heures, juste bouffer du bitume et contempler le paysage, respirer à plein et humer d'agréables odeurs au passage. Ah oui! Ça, c'est une chose qui m'a renversé dès le début! En auto, on ne sent rien, mais en moto, ça te frappe en plein visage : le parfum du lilas, l'odeur de la rosée, celle des champs... C'est tellement agréable!

Et surtout, lorsque j'étais sur ma moto, je me sentais « quelqu'un »! Ma veste, mes gants et mon casque bien ajusté me procuraient de la prestance. Tout à coup, je devenais « intéressant ». On me saluait de la main, on me respectait. Une simple balade en moto devenait une incommensurable séance de gratification pour l'égo. Et, dans cette période précise de ma vie, j'en avais particulièrement besoin. Quelle horreur de devoir à nouveau abandonner une passion! De dire « Adieu! » encore une fois, d'être obligé de contempler mon bolide, dans la cour arrière, et de me dire : « C'est terminé! »

Lorsqu'on parle de deuils, on parle aussi de ces choix difficiles qui mettent un terme à quelque chose qui nous apportait tant de bonheur. On parle de la douleur de réaliser que c'est terminé, que ce n'est plus possible, qu'il faut oublier. Cette plus-value qui nous servait si bien en tant qu'individu, cet ajout à notre estime personnelle qui nous donnait l'impression d'être meilleurs, plus intéressants, plus désirables, plus aimables, voilà qu'elle n'est plus disponible... et à jamais! Elle laisse un grand vide qu'il nous faut compenser.

Par contre, voilà une opportunité qui se présente à nous. C'est le moment idéal pour nous regarder dans le miroir, pour constater que plusieurs aspects de nous, peut-être ignorés jusque-là, nous enchaînent au lieu de nous libérer. Car il faut bien se l'avouer, dans la société en général, nous sommes beaucoup plus dans le « faire » que dans l'« être ». Accomplir, réaliser, fabriquer, gagner, performer. Tous, nous voulons apporter de l'eau au moulin et nous faire remarquer auprès des autres. Ça nous aide à croire qu'ensuite, nous serons encore plus aimés et mieux reconnus par nos pairs. Comme notre valeur personnelle passe par le regard des gens qui nous entourent...! « Être », seulement « être », ne semble pas avoir le même effet sur la masse. Il faut faire un grand travail sur soi pour arriver à s'équilibrer, sans avoir besoin de se revaloriser par le « faire », et pour pouvoir seulement « être », un point c'est tout! Le deuil et tous ces autres moments difficiles en deviennent l'occasion rêvée!

Ne rien connaître de soi nous entraîne automatiquement dans une spirale incontrôlable où émotions, frustrations diverses et insécurité se côtoient dans la plus totale anarchie. Les épreuves sont là pour nous aider à apprendre que tout est en mouvement, que tout change, que tout meurt un jour et renaît autrement le lendemain. Tout comme pour la nature, le cycle de la vie s'opère : nous changeons, nous nous transformons peu à peu. Le refuser, ce serait perdre des occasions en or de progresser, de nous libérer, de mieux nous connaître.

Qu'on le veuille ou non, les deuils feront toujours partie de nos vies, parce que nous avons besoin de nos relations, de nos objets et de nos petites habitudes. Elles nous aident à cheminer et apprendre, sur nous-mêmes et sur les autres. Nous en passer et nous isoler pour éviter d'avoir à nous en séparer un jour ou l'autre, ce serait perdre de grandes occasions d'évoluer, de nous transformer, ce serait aussi perdre le sens de notre existence profonde. Toutefois, nous devons apprendre à équilibrer nos émotions associées à ces évènements, pour les vivre dans leur état réel et non pas amplifiées par d'autres facteurs. Le passé reste le passé, et il doit avoir été réglé dans le passé pour ne pas qu'il s'additionne inutilement au présent. Ce que nous vivons, dans l'instant présent, est LA SEULE ET UNIQUE ÉMOTION VÉRITABLE à expérimenter. Elle deviendra le tremplin d'une nouvelle compréhension qui, dès lors, nous servira pour poursuivre notre apprentissage sur nous-même et sur la vie qui nous entoure.

-11-

Le vent souffle

.

« *Didn't like anything, didn't care about anything, and didn't want to do anything.......Way down at the far end of the shinning lake, near one of the islands, my eyes fastened on two wedge-shaped rocks sticking out of the water. (......) A voice spoke inside my head, "You know, I still like those two rocks".*

My eyebrows lifted at the realization: I actually liked something; and thus from that pair of rocks I began to build a new world. »

Neil Peart

Sens la brise, lève les voiles et laisse-toi guider
par celles-ci.

Alors que de grands changements s'opéraient dans ma vie, cette expression m'est souvent venue en tête. Si je sentais que le vent me soufflait dans le dos et me propulsait vers une direction inconnue, j'avais tendance à me laisser faire, sans même réfléchir. Pour moi, c'était comme si la vie me faisait un signe pour m'indiquer que cette orientation était la bonne, que tout se plaçait correctement, que je n'avais qu'à hisser les voiles et voguer droit devant. J'étais en harmonie avec le cours de MA VIE, j'étais donc au bon endroit. Il ne me restait qu'à accepter la destination. Par contre, si le vent venait de face, l'effort à fournir, pour en arriver au même résultat, devenait énorme, ce qui, pour moi, n'annonçait rien de bon.

Maintes fois dans une vie, nous avons cette impression d'avoir à déployer beaucoup d'efforts pour peu de succès. En reculant juste un peu, en reprenant notre position de spectateur, il est facile de voir qu'effectivement, nous ramons face au vent et que, malgré des signes évidents, nous nous obstinions dans une direction qui n'est peut-être plus celle qui nous convient.

À certains moments, oui, cela pouvait nous sembler être la bonne orientation, mais les choses ont peut-être changé, pour des raisons que le futur se garde bien de nous dévoiler. Il faut, selon moi, bien séparer ce que nous désirons ardemment de ce qui est vraiment bon pour nous. Un désir est toujours basé sur un besoin auquel il nous faut répondre.

Soit, par exemple :

1. Je suis seul, je désire quelqu'un dans ma vie.
2. Je dois me déplacer, je désire cette auto.
3. Je dois me loger, je désire cette maison.
4. J'ai faim, je désire manger.
5. Et tout le reste...

Rarement, nous nous demandons si notre choix est en accord avec notre bien-être profond ou s'il est uniquement superficiel. Tout comme l'enfant qui regarde les annonces de jouets, dans la période précédant Noël, et dont les besoins s'amplifient soudainement à la vue de telle ou telle « bébelle » plus colorée que la précédente. À ses parents, il justifie l'achat du vélo, de la tablette numérique ou du toutou, comme si sa vie en dépendait.

Problème d'enfant? Oui! Mais aussi problème d'adulte! Alors, demandons-nous, par exemple :

« D'accord, je suis seul, mais si je laisse entrer le premier venu, est-ce que c'est pour un bien-être à court terme ou à long terme? En ce moment, cette personne me procure une présence, c'est indéniable. Mais si mon choix ne repose pas sur de l'amour réel, mais plutôt sur un vide à combler, quand cette période de manque sera passée, cette même personne va-t-elle compliquer ma vie ou la simplifier? »

Ou encore : « Si, pour répondre à mon grand besoin de paraître ou pour être reconnu socialement, je me procure une maison hors de prix, n'aurais-je pas éventuellement des problèmes financiers? Et si cette maison ne répond pas vraiment à mes besoins actuels parce qu'elle est trop petite, défraîchie ou mal située, vais-je être heureux quand même ou devrais-je investir encore plus d'énergie et de pécules pour m'en départir et en trouver une autre? »

Si nous butons constamment sur des portes closes, si chaque pas vers l'avant semble compliqué, frustrant et inefficace, peut-être sommes-nous en train de ramer avec un vent de face. À coup sûr, la vie est en train de nous indiquer la route à prendre, mais elle ne correspond pas à celle que nous avions en tête. C'est une évidence : la vie nous indique tant bien que mal de faire demi-tour ou, à tout le moins, de réévaluer ces choix qui ne font que combler des intérêts superficiels, instantanés et qui, probablement, ne nous apporteront que bien peu de choses, à moyen terme.

Peut-être est-il préférable, pour le moment, de rester seul pour mieux apprivoiser la solitude, pour apprendre à mieux se connaître, pour régler certaines entraves du passé, faisant en sorte que les prochaines rencontres soient plus vraies, plus agréables, moins fondées sur des besoins à combler ou sur des vides mutuels à remplir.

Venant de vivre une séparation crève-cœur, j'ai pris la décision de quitter la maison louée avec mon ex-conjointe, considérant, comme certains d'entre vous l'ont peut-être déjà expérimenté, qu'il y avait beaucoup trop de souvenirs en ces lieux, des souvenirs qui me confrontaient chaque matin. Toutefois, j'adorais l'endroit, le lac, l'atmosphère de village Suisse en hiver, et je souhaitais y rester. Mais voilà : j'avais beau chercher dans tous les journaux locaux, sous la rubrique « *Maisons à louer à Lac-Beauport* », passer au peigne fin babillard sur babillard, rien ne me convenait. En cette période, il n'y avait aucune maison à louer correspondant à mes critères économiques dans la région. Pourtant, je m'obstinais à penser que je devais rester dans ce patelin. Il me semblait impossible de considérer un déménagement pour m'installer ailleurs. J'étais sûr que mon bonheur appartenait à cette région. Alors, je poursuivais assidûment mes recherches. La flexibilité de la pensée pas trop au rendez-vous ici. Le temps passait et la date butoir où je devais quitter « la maison aux mille souvenirs » approchait à grands pas, puisque j'avais cédé mon bail à quelqu'un d'autre. De plus, je constatais que chaque journée passée dans cette maison alourdissait mon état mental et ralentissait le deuil de ma relation. Tout me forçait à partir, mais je ne trouvais rien de disponible. Je déployais beaucoup d'énergie pour peu de résultats.

C'est alors qu'un bon matin, à quelques pas de chez moi, en prenant un café avec un ami, voilà qu'il me dit tout bonnement :

- Pourquoi tu ne retournes pas là où tu habitais il y a quelques années, juste pour un certain temps? Il y a un lac, la tranquillité et, si je me souviens bien, tu aimais ce quartier à l'époque.»

Un peu surpris par l'idée, mais quand même conscient de la grande sagesse de ses propos, j'ai pris le petit journal qui était là, tout juste à ma droite, et j'ai regardé la section des petites annonces, plus précisément celle intitulée « *Lac Saint-Charles-maisons à louer*». Au fond, mon ami avait raison : ce n'était qu'à quelques kilomètres d'où j'habitais actuellement, et j'avais bien aimé mon séjour en ces lieux, cinq ans auparavant. Une première lecture rapide, et déjà je tombais sur LA solution idéale. La grandeur était parfaite et le prix, plus qu'excellent! Une petite maison chaleureuse avec un lac, droit devant! Et en plus, un engagement de neuf mois seulement, puisque les propriétaires devaient revenir à la fin d'un contrat en dehors de la région.

Que demander de plus? J'aurais donc tout ce temps devant moi pour poursuivre mes recherches dans le quartier que je souhaitais au départ, tout en profitant d'un endroit fort reposant pour rééquilibrer ma vie. D'ailleurs, lorsque je repense à cette petite maison, je ne peux m'empêcher de constater à quel point elle a été salutaire pour moi. Une maison chaleureuse, construite tout en bois, la nature à proximité, tout pour créer en moi un effet calmant sans précédent.

S'il n'y avait pas eu cette petite phrase dite par mon ami, ce matin-là, si je n'avais pas lâché le morceau et cessé de m'obstiner outrageusement comme un bébé qui veut « CE jouet-là et RIEN d'autre! », j'aurais loupé neuf mois d'une expérience de vie fort enrichissante pour moi, ce qui m'a grandement aidé à orienter la suite de mon périple.

Et pour la fin de l'histoire... L'été suivant, n'ayant fait aucune démarche pour trouver une maison disponible à Lac-Beauport, voilà que, par hasard, sur un terrain de stationnement, je croise une vieille connaissance de l'école primaire qui, tout en parlant de tout et de rien, m'annonce qu'elle s'est acheté une nouvelle maison et que, dans quelques mois, elle doit libérer sa maison à Lac-Beauport présentement louée. Devinez où je me suis ramassé?

La vie sait beaucoup mieux que nous ce qui est bon pour notre cheminement personnel. Tel un parent qui retient son enfant devant la distributrice de friandises, qui l'accompagne sur la route pour lui permettre de traverser à un endroit sécuritaire et qui le conseille sur ses choix d'étude, la vie nous regarde et nous souffle dessus tout doucement, pour nous orienter dans la bonne direction. Il ne tient qu'à nous de ressentir cette brise et de l'utiliser à bon escient, car, en toutes circonstances, elle est là, nous soufflant de face pour nous ralentir ou de dos pour nous pousser vers l'action.

Encore une fois, le plus difficile, c'est de se regarder dans le miroir et de voir les choses telles qu'elles sont, un point c'est tout! C'est se demander : « Suis-je en train de me mentir à moi-même? Suis-je vrai? Que cache cette action? Comble-t-elle un manque, un vide ou est-elle en harmonie avec mon plan de vie? »

Oui! Nous avons une route qui se trace à mesure que notre vie progresse, non pas déterminée par une force extérieure, nous rendant victime de tout, mais plutôt orientée par des choix, des expériences à vivre, des situations à maîtriser et des rencontres à faire. La vie est ainsi faite.

Il y a quelques années, une amie m'a proposé la lecture du livre « Le Retour de Kryeon » dont voici un extrait :

« Que veux-tu vraiment, Michael Thomas? La réponse doit surgir de ton cœur et être énoncée de vive voix afin que tous l'entendent, même toi... »

« Ce que je veux vraiment? Je veux rentrer CHEZ MOI! J'en ai assez de cette vie d'être humain. Je veux être aimé et côtoyer l'amour, répondit Mike. *Je veux ressentir la paix dans mon existence... Je ne veux pas être assujetti aux préoccupations et aux poursuites futiles de ceux qui m'entourent. Je veux me sentir LIBRE et connaître le sens de ma vie. Je ne veux plus être l'homme que j'étais (...) »*

Et c'est ainsi que Michaël Thomas, par son intention, mit en mouvement une série d'évènements qui changeront sa vie à tout jamais. »

Ce livre propose cette idée, fort intéressante, que si nous consultons la carte routière de notre vie, à tout moment nous y verrions l'inscription suivante :

- Vous êtes ici!

C'est simple, n'est-ce pas?

Et pourquoi? Simplement parce qu'à l'instant même, tout se construit. C'est à ce moment-là que tout se dessine et que les conséquences de nos décisions nous dirigent vers la droite ou vers la gauche. Rien n'est planifié, sauf, peut-être, certains éléments importants, impératifs à notre cheminement, qui doivent intervenir en des occasions bien précises et parfaitement ponctuées. Et encore là, ces éléments prendront différentes forme, dépendamment de nos choix antérieurs.

Encore une fois, je m'amuse ici à imaginer la vie en nous regardant d'en haut, d'un nuage quelconque, observant cette personne déterminante pour notre vie, qui est très loin de nous et qui cherche à entrer en contact avec nous, à croiser notre chemin par tous les moyens. Cette prise de contact implique un choix difficile de notre part, de là l'importance de bien sentir la brise. Le vent souffle et nous indique ce départ, la vente de cette résidence, l'abandon de ce travail qui ne nous convient plus, ce changement de cap, la rupture de cette relation devenue inutile... Mais pour mille et une raisons, nous résistons, nous avons peur, peur de l'insécurité du lendemain, peur de plein de choses... Tout ça nous enchaîne à notre siège et fait en sorte que la rencontre avec l'être ne peut se faire.

Cette rencontre est-elle annulée ou simplement reportée? Il ne tient qu'à nous de la réaliser!

La vie le veut bien, mais elle respectera toujours nos choix. En effet, si nous ne nous sentons pas capable de suivre le sens du vent pour lever les voiles au bon moment, c'est peut-être que du travail reste à faire. Peut-être que nous devons prendre conscience de certaines choses, grandir, guérir de ces insécurités qui nous nuisent en ce moment, nous permettant, par la suite, de passer à une vie différente. Car, au fond, c'est ça que veut nous signifier la personne qui est là, prête à nous éclairer. Possédant des informations cruciales pour notre nouvelle orientation, elle respecte, elle aussi, un certain plan, une certaine synchronicité dans sa propre vie. Dans cette majestueuse pièce de théâtre, elle fait des choix, elle aussi. Elle progresse, elle recule et elle avance. Donc, si le train n'est pas en gare au bon moment, elle passera à une autre étape de son propre voyage, pour peut-être revenir éventuellement si, bien sûr, de notre côté, nous avons fait le travail approprié. Sinon, ce sera ce que j'appelle : un rendez-vous manqué.

C'est comme lorsqu'on voyage en avion et que toutes les correspondances fonctionnent bien, le trajet s'effectue plus simplement et surtout plus rapidement. Par contre, un seul retard de vol peut entraîner une cascade de délais et ainsi alourdir le périple. Il en est de même dans nos vies. Si, à chaque changement de cap, nous sommes à l'écoute des signes, que nos peurs ne viennent pas nous distraire du chemin proposé, nous verrons que tout se met en branle si vite que nous avons peine à suivre la cadence.

À la fin de la trentaine, je fus confronté à une situation professionnelle qui m'a cloué au sol. Installé à Ottawa depuis trois ans, je n'avais pas réussi à m'implanter socialement, malgré de nombreux efforts pour entrer en relation avec mon environnement. Donc, je restais sur la touche, solitaire, et je n'avais pas réellement d'amis. Ma séparation, ce nouveau travail qui ne m'offrait que la redondance d'un passé encore trop récent, rien n'annonçait que quoi que ce soit allait s'améliorer dans les mois à venir. Autrement dit, la vie me lançait le message clair que j'avais fait ce que j'avais à faire en ces lieux et que le temps était venu de passer à autre chose. Mais pour faire quoi? Déménager? Pour aller où? Vers quoi? Quand? Comment? Est-ce qu'un nouveau travail sera au rendez-vous? Comment me départir de l'appartement loué qui m'enchaînait légalement à cet endroit?

On en trouve des questions lorsque l'on veut justifier la stagnation! On trouve aussi une quantité infinie de raisons qui, en tous points, correspondent à nos insécurités. De cette façon, il est évident que, après une profonde introspection, le statu quo reste encore la meilleure option.

Mais non! Cette fois-là, je me souviens que j'ai décidé de foncer droit devant et de faire confiance à cette brise qui soufflait si doucement sur mon visage. À l'instant où en moi, profondément, j'ai senti résonner, haut et fort, la décision de quitter cette ville, comme un explorateur perché sur le plus haut sommet d'une chaîne de montagnes criant à pleins poumons sa victoire sur les éléments de la nature, tout s'est mis en place pour me confirmer que c'était la bonne chose à faire. Comme si la vie n'attendait que ça pour qu'une armée au complet se mette à mon service et facilite la transition.

En un mois, ma nouvelle destination était connue; comme par magie, le propriétaire du condo me libérait de mes engagements légaux; l'appartement parfait était trouvé dans la nouvelle ville en question après seulement une heure de recherches; le déménagement s'effectuait et, trois jours après mon arrivée... je travaillais!

Tout ça est-il surprenant? Non! Plus pour moi!

Le hasard est une façon que la vie a trouvée pour passer inaperçue.

Le pouvoir du choix. Ce qui est bon pour nous doit s'accomplir et il s'accomplira. Toutefois, nous devons le décider au plus profond de nos tripes, le sentir et l'exprimer avec la ferme intention de l'accomplir.

Mais je dis bien : « Ce qui est bon pour nous! »

Car il faut toujours discerner ce qui est « *bon pour nous* » pour combler un manque, de ce qui est « *bon pour nous* », pour l'ensemble de notre vie, pour notre cheminement. Ce sont deux choses bien différentes. Est-ce que cela ne nourrira que notre extérieur ou est-ce que ça nous amènera un plus grand bien-être intérieur? Le long terme ou le court terme? Simplifions ça comme ça.

À l'époque où je competitionnais dans le domaine musical, les instructeurs disaient toujours:

« *Vaut mieux faire une erreur franche avec conviction qu'en faire une petite mollasse avec la peur au derrière.* »

*

Alors que j'étais salarié pour une compagnie d'électronique depuis plus d'une décennie, j'ai fortement senti qu'une chance inouïe se présentait à moi, lorsqu'un bon matin, on m'a appris que, à la suite de coupures, l'employé engagé le dernier perdait son emploi. Fatigué de ce travail et totalement démotivé face aux tâches à accomplir, sans recevoir de reconnaissance de la part des nouveaux dirigeants qui s'appliquaient beaucoup plus à sauver leurs petits amis qu'à respecter l'ancienneté dans le département, voilà qu'une porte s'ouvrait toute grande devant moi.

Quelle a été ma stratégie? Prendre sa place. Utiliser le fait qu'en réalité, les patrons auraient préféré le garder, mais que, syndicalement parlant, ils devaient le sacrifier. Tenant compte du fait que ma cote n'était pas à son plus haut niveau dans les dernières années, je voyais là une occasion en or. J'avais en main une paire d'as qui, si bien utilisée, m'aiderait grandement à tirer profit de la situation.

Tel un bambin qui connaît bien la façon de tirer avantage du désir de ses parents, j'ai proposé à mes patrons de quitter l'entreprise à la place de mon collègue, pourvu qu'ils me transfèrent le pactole que ce dernier devait recevoir en compensation. Une demi-heure plus tard, je refermais à jamais la porte de cette entreprise, les papiers en main et le cœur léger. J'ignorais ce que j'allais faire dans la vie à partir de ce moment-là, mais j'étais certain d'une chose : ça ne serait plus ce travail-là!

Donc, avec quatre mois de salaire devant moi et le soutien financier du gouvernement pour quarante-cinq semaines, somme toute, un an de revenus, je me foutais de tout, car je pouvais vivre chaque étape à venir sans problème.

Premièrement : je pouvais décompresser, faire du vélo, de la musique, en fait, tout ce qui me passait par la tête, et cela, quand ça me plaisait.

Deuxièmement : comme j'avais déjà débuté la nouvelle activité dont je vous ai parlé dans les chapitres précédents, soit faire du bénévolat dans une station de télé communautaire, j'avais maintenant tout le temps nécessaire pour continuer mon apprentissage dans ce domaine qui m'était totalement inconnu. Je suis donc passé de trois heures à soixante heures par semaine… Non, non! Y a pas d'erreur! J'ai bien dit « Soixante »! J'avais du temps devant moi et un grand besoin de changer d'air. Tout était donc parfait.

Je rencontrais des gens fort intéressants, motivés. Je n'avais pas l'impression de vraiment travailler, mais plutôt de m'amuser à cœur de jour. Mon moral ne s'en portait que mieux. De plus, à l'annonce de ma nouvelle disponibilité, plus grande que jamais, j'ai reçu, de la part des dirigeants, un accueil chaleureux et revalorisant. Je fermais concrètement la porte de ce lieu où j'étais devenu « un zéro » pour en franchir une autre, à seulement une cinquantaine de mètres de là, et devenir « un héros ».

J'avais un bel exemple du fait que la valeur humaine correspond totalement au milieu fréquenté. Toutefois, avec humour, j'avoue que la courte distance qui séparait les deux entreprises, dans le même complexe commercial, ne m'avait pas donné assez de temps pour effectuer une profonde transformation de ma personne. Je restais donc le même « Normand », mais perçu différemment.

Troisièmement : si je voulais garder ma liberté de choisir, je devais restreindre mes dépenses. La maison que je louais deviendrait probablement un fardeau financier criant, m'obligeant sûrement à prendre de nouvelles décisions, à un moment ou l'autre. Il fallait donc trouver un lieu de résidence moins dispendieux, qui me permettrait de protéger mon pouvoir de choisir et d'éviter de retourner dans le seul domaine que je connaissais, c'est-à-dire mon ancien boulot. Tout, mais pas ça!

Encore une fois, lorsque les étoiles s'alignent, tout se déroule à la vitesse grand « V ».

À peine un mois après ma décision de quitter ma maison, j'en avais trouvé une autre et j'étais déménagé dans un demi-sous-sol plus qu'acceptable. Une seule recherche, une seule visite! Un peu petit, question de superficie, mais complètement rénové. À chaque instant, je me répétais que c'était temporaire et que c'était seulement pour être en mesure de garder ma capacité de choisir, un passage obligé pour mieux traverser cette période de transition dans ma vie. Même si je m'étais juré, en quittant le nid familial, de ne jamais retourner en appartement, de toujours loger dans une maison pour bénéficier de tout l'espace nécessaire à mon épanouissement, voilà que je devais déroger de mes beaux principes et assouplir ma pensée. La flexibilité de la pensée! Hein! Comme je le disais?

Donc, durant presque douze mois, chaque matin, je me déplaçais vers la station de télé communautaire, comme si c'était un véritable emploi, bien que non rémunéré. J'enfilais les affectations, je poursuivais mon apprentissage, sans trop savoir pourquoi, car, en aucun moment, je ne m'imaginais faire de ce travail mon revenu principal. D'ailleurs, je n'avais aucune idée des conditions salariales dans ce domaine et j'étais loin de m'en soucier. Je m'amusais, un point c'est tout! Et c'était ma seule priorité!

Malgré tout, les mois passaient. Sans m'en rendre compte, de façon sournoise, déjà s'installait quelque chose de beaucoup plus sérieux que je ne l'aurais cru. Chaque jour me donnait de plus en plus de raisons d'aimer ce que je faisais, chose que j'avais désapprise au fil du temps.

Pendant toutes ces semaines, tous ces mois, ma boîte de curriculum vitae est demeurée sous mon lit. Je n'ai fait aucune démarche pour me trouver du travail, aucune recherche. Chaque fois que, soudainement, mon intellect se réveillait et me disait « Y faudrait bien que tu te mettes en action pour te trouver un nouveau boulot! », une petite voix intérieure répondait : « Pourquoi chercher? C'est ridicule! Tu as déjà un travail! »

Bon! La confiance avait beau régner, restait quand même un fait indéniable : mes semaines d'allocations du gouvernement tiraient à leur fin et j'allais me retrouver sans le sou dans très peu de temps. C'est alors qu'un des dirigeants de la station de télévision communautaire m'a conseillé de me rendre au bureau de chômage pour demander une aide qui, pour une période de six mois, servirait à défrayer la moitié du salaire qu'ils étaient prêts à me verser pour un véritable emploi. Je me suis dit : « Pourquoi pas! Ça va allonger ma période de transition. »

En fait, je commençais à prendre conscience qu'effectivement ça serait bien d'être payé pour faire ce métier-là, car j'y trouvais mon compte de plus en plus. Une activité que je n'osais même pas qualifier de « travail » tellement je m'y plaisais.

La rencontre s'est tenue un jeudi matin. Une dénommée Manon m'a accueilli dans un bureau froid et insensible, un lieu totalement représentatif du monde de l'administration publique. Toutefois, je dois avouer que cette personne, courtoise et gentille, détonnant complètement de son environnement, a démontré une capacité d'écoute irreprochable. Je lui ai expliqué mon projet, en long et en large, insérant quelques blagues ici et là, comme j'en suis capable en situation de confiance, faisant briller encore plus le bleu de ses yeux dissimulés derrière quelques mèches de cheveux blonds et bouclés. Mon boniment terminé, c'est à regret qu'elle m'a annoncé qu'aucun programme de subvention de ce genre n'était disponible, que le seul qui existait était destiné aux personnes handicapées qui souhaitaient faire un retour sur le marché du travail.

Honnêtement, je pouvais lire une grande déception sur son visage. Je voyais bien qu'elle cherchait activement une autre solution et qu'elle croyait sincèrement que ce projet constituait pour moi une opportunité. Après mûres réflexions, elle m'a regardé droit dans les yeux et m'a dit, d'un ton très convaincu, que malgré les lois en vigueur, elle sentait profondément qu'elle devait me faire profiter de ce programme de subvention. D'un geste franc, elle a sorti une liasse de papiers et, comme seuls les fonctionnaires peuvent encore le supporter, elle a rempli les cases A, B, C, plus les annexes X, Y, Z, et le reste, et le reste.... Elle m'a tendu sa main droite, fermement, comme pour se féliciter elle-même de la bravoure dont elle venait de faire preuve. Voilà! Le marché était conclu.

Le programme a duré six mois, me permettant, pour la première fois de ma vie, de réellement travailler en télévision et d'être officiellement rémunéré.

L'apprentissage s'est poursuivi, les longues heures aussi. S'ajoutaient à cela de plus en plus de responsabilités. Mais surtout, la passion demeurait encore présente. Je savais maintenant que ce travail était celui que je désirais. À la dernière semaine de rémunération, au moment où, passé cette date, je devenais unmembre en règle de l'aide sociale, avec un revenu plus que modeste, je n'avais pas encore ouvert ma boîte de CV. Et toujours la petite voix intérieure me répétait : « Pourquoi te chercherais-tu un emploi? Tu en as déjà un! »

Un soir, un employé retraité de Radio-Canada est venu nous faire une petite conférence improvisée. Trouvant ses propos fort intéressants, j'en ai profité pour lui parler personnellement à la fin de sa présentation et lui demander conseil. Ayant décidé de faire de la télé mon nouveau métier, je me suis informé du chemin à suivre pour réaliser cet objectif.

C'est alors qu'une fois de plus, la vie s'en est mêlée.

Il m'a référé à un certain patron de la station locale, qui, malgré mon inexpérience et même si je ne provenais pas d'une école certifiée, m'a quand même donné la chance de faire un stage de deux semaines. J'ai su, par la suite, qu'il avait mandaté mon tuteur pour qu'il m'évalue dans le feu de l'action, question de savoir ce que j'avais dans le ventre.

Il serait superflu d'ajouter que j'ai profité de chaque moment pour tout mémoriser, apprenant des yeux autant que des oreilles, autant que faire se peut, pour pouvoir en profiter si l'occasion se présentait dans un futur rapproché. Et cette chance est apparue un certain matin de mai. Eh oui! Encore ce fameux mois de mai! Le téléphone a sonné, et une voix franche et directe m'a dit que, si cela m'intéressait toujours, on avait besoin de mes services cette journée-là. Et voilà! J'avais réussi le changement de carrière tant souhaité.

Je n'ai jamais revu la charmante dame du bureau d'emploi, celle par qui tout était arrivé, celle qui, un certain matin, avait osé défier le système pour permettre à un inconnu de profiter d'un petit coup de pouce et de changer sa vie à jamais. Elle avait été une messagère, une participante du jeu de la vie qui avait su écouter sa petite voix intérieure et jouer son rôle à la perfection.

À l'époque, ai-je tiré avantage de la société? Ai-je profité du système? Je crois fermement que non. De toute façon, l'argent dont on m'a fait cadeau a été largement remboursé depuis les dix-sept dernières années.

Sans m'en apercevoir, en une année et demie, j'avais complètement changé de domaine. Mon rêve s'était finalement matérialisé. On m'avait redirigé complètement ailleurs, à un endroit que je n'avais jamais imaginé au départ. Au fond, tout ce que je désirais, moi, c'était de faire enfin quelque chose qui me nourrirait en dedans. Dans mes demandes à la vie, je n'avais spécifié ni le type d'emploi, ni l'endroit, ni le salaire désiré, alors que je quittais mon ancien travail en électronique en espérant autre chose.

Oui! J'ai eu à prendre des décisions dérangeantes. Sans connaître l'avenir, j'ai eu à faire des choix difficiles, comme de passer d'une maison à un demi-sous-sol moins confortable. Mais, à chaque occasion, je sentais autour de moi cette brise qui soufflait et qui me réconfortait. Je suivais mon cœur sans craindre le futur et je plaçais chaque pion sur l'échiquier avec en tête cet unique but : faire de ma vie quelque chose d'enrichissant.

*

Lorsque je parle de changement dans la vie, il y a un exemple qui m'amuse toujours et c'est celui de la roue.

On ne peut espérer changer un comportement, une perception ou une habitude de vie en un claquement de doigts. Lorsque ça fait plus de trente ans qu'on réagit à un stimulus de façon X ou qu'en telle ou telle circonstance, ça nous a toujours paru normal d'adopter un comportement Y, rien ne sert d'espérer que d'un seul coup de baguette magique, tout sera différent le lendemain à notre réveil.

C'est comme si on prenait une roue qui tourne dans un sens et qu'on décide soudainement qu'elle doit tourner dans le sens opposé. À moins d'y appliquer une force colossale pour l'arrêter et une force proportionnelle pour la redémarrer, rien de tout cela ne peut se faire instantanément. Il y a des principes physiques qui ne peuvent être exclus de l'équation. Dans une telle opération, trois étapes doivent s'appliquer. Il faut :

-premièrement : appliquer une force constante servant de frein pour réduire la vitesse de rotation de la roue jusqu'à son point zéro;

-deuxièmement : réserver une période plus ou moins longue d'arrêt;

-troisièmement : appliquer une force opposée pour faire redémarrer la roue en sens inverse.

Si on prend la peine de le faire concrètement, on observe plusieurs phénomènes intéressants. Entre autres, qu'il faut beaucoup d'efforts pour stopper un corps en mouvement et l'amener au point zéro de sa rotation et qu'il en faut tout autant pour briser son inertie et ramener sa vitesse égale à l'ancienne, mais en sens inverse. Et surtout, il faut tenir compte de la période temporelle nécessaire entre les deux opérations, ce passage à vide qui se produit après le freinage et avant que le mouvement ne reprenne. Si courte soit-elle, cette pause est essentielle au changement.

Alors, si on reprend cette démonstration et qu'on remplace la roue par un trait de notre personnalité, par une habitude de vie, par une manière de penser ou par un changement de profession, on ne peut que retrouver le même phénomène.

Reprenons mon exemple préféré : une séparation de couple. Ici, la vie de couple est représentée par la roue.

Cette roue de la vie de couple tournait à une certaine vitesse. Peut-être moins rapidement qu'en début de relation et disons que, dernièrement, elle avait des ratés, mais vous la connaissiez bien cette roue, vous étiez habitué à sa vitesse de rotation. Elle vous convenait depuis longtemps. Et voilà que, tout à coup, survient une rupture. C'est l'effondrement, plus rien n'est pareil, tout change. Vous devez déménager, acheter du nouveau mobilier, changer de quartier, refaire vos repères, et le reste…

Avant de pouvoir repartir, bien en selle, vous constaterez qu'il faudra du temps, du temps et beaucoup d'énergie pour ralentir votre roue qui cherchera, par réflexe, à maintenir son ancienne vitesse de rotation. Finalement, il y aura aussi une période de flottement où plus rien ne sera comme vous le voulez vraiment.

Ce « no where » que certaines personnes ressentent lorsque le passé s'effondre et que l'avenir n'est que vide est, je dirais, un passage primordial, essentiel pour bien préparer la prochaine étape qui exigera de déployer toute notre énergie pour orienter, cette fois, de meilleure façon, la roue de notre nouvelle vie. Il faut apprivoiser cette période de vide, bien s'assurer que le mouvement est bel et bien arrêté, que l'engrenage est nettoyé et lubrifié, avant d'entreprendre la mise en route de ce nouveau segment de notre existence.

Imaginons-nous, tentant de modifier le sens de rotation d'une énorme roue de fonte, avec toute l'inertie qu'elle génère, essayant de l'amener à un arrêt complet pour la faire repartir en sens inverse. Et tout ça, en criant « *Ciseau* ! » Quel effort, à la fois inhumain et risqué!

Seuls le temps, l'effort et la ténacité sont garants de l'avenir. Et aussi l'acceptation de ce qui est, tout en sachant que nous contrôlons que ce que nous pouvons contrôler!

Je me souviens d'un commentaire de la dame assise à mes côtés, lors d'un weekend de formation où on discutait longuement de cheminement de vie, d'évolution, d'acceptation, de lâcher-prise. Elle m'a dit :

- Moi, ça fait deux ans que je chemine, ça doit bien être presque terminé? Vous, ça fait combien de temps?

Malheureusement, ma réponse l'a fortement ébranlée, alors que, avec une certaine empathie, je lui ai répondu :

- Une quarantaine d'années, ma chère dame!

*

Chaque étape de la vie constitue une occasion d'apprendre sur soi.

Je n'adhère pas vraiment à l'idée d'une déité punitive, tentant de nous enseigner certaines valeurs à coup d'épreuves plus difficiles les unes que les autres. Je crois plutôt qu'il faut voir, dans ces petites embûches de la vie, qu'au fond, ce n'est pas la pierre placée au centre de la rivière qui va faire dévier la rivière au complet. Bien sûr, on s'y frappera peut-être, s'écorchant la peau au passage, et, tant qu'à faire, peut-être qu'on avalera une certaine quantité d'eau! Mais, étonnamment, cette pierre nous sauvera peut-être la vie, nous procurant temporairement une prise solide pour éviter la noyade.

Nous avons un chemin de vie à parcourir, des choses à accomplir, des expériences à vivre et des connaissances à acquérir. Les obstacles que nous rencontrons ne sont que des opportunités, il faut savoir en saisir l'importance. D'abord, nous devons cesser de les percevoir comme des embûches et plutôt les voir comme des tremplins vers une destination différente. Il faut les considérer comme étant des informations pour nous ramener à l'ordre, nous disant que, peut-être, nous nous sommes laissé emporter dans la mauvaise direction, nous avisant qu'il est temps de regagner le rivage et de repartir à neuf.

Tout comme la rivière, nous sommes condamnés à aboutir à la mer un jour ou l'autre. Ça peut prendre un an, dix ans, une vie entière ou peut-être, qui sait, plus qu'une seule vie. Dans cette traversée, nous sommes notre propre patron. Notre façon d'aborder chaque étape détermine ce que sera la suivante, et ainsi de suite. Le choix des voiles reste le nôtre, mais il influence toujours notre vitesse et notre direction.

J'aime bien représenter le cycle de la vie en général, par la petite image qui suit : la mer est notre source, notre origine. Une vague se brise sur un rocher, aux abords du rivage, et elle se transforme en million de gouttelettes propulsées ici et là sur le rivage. Toutes, autant qu'elles soient, retombent dans des milieux différents, ce qui sonne le départ de leur aventure individuelle particulière. Certaines retournent directement à la mer, d'autres sont réchauffées par le soleil qui, en temps opportun, altère leur forme actuelle pour les transformer en vapeur et en nuages. Transportées au gré du vent, vient le jour où, par le phénomène de la condensation, elles se transforment à nouveau en fines gouttelettes de pluie et, éventuellement, elles se retrouvent sur une nouvelle terre, pour former un ruisseau, une rivière et vivre de nouvelles expériences.

Comme toutes les rivières retournent un jour à la mer, tel est aussi notre destin. Le cycle de la vie recommence sans fin pour nous ennoblir à chaque fois, accumulant des couches de vécus extraordinaires, nous rendant de plus en plus souple face à nous-même et capable d'affronter de nouveaux défis. Jusqu'au jour où nous devenons, tout naturellement, libre et maître de nous-même.

-12-
Nulle part ailleurs qu'ici

« Mais non, Jonathan, tu peux t'élever davantage encore, car tu as voulu apprendre. Ton apprentissage élémentaire est terminé et il est temps pour toi de passer à autre école. »

Richard Bach

On a souvent tendance à déprécier le présent pour revaloriser soit le passé, soit le futur.

On imagine à quel point notre vie sera mieux dans six mois, dans un an ou encore, comme on l'entend souvent, à notre retraite. Cette fameuse retraite où tous les problèmes disparaîtront soudainement, où chaque journée retrouvera sa légèreté normale et où la vie ressemblera finalement à ce qu'elle aurait toujours dû être : une partie de plaisir.

Il y a aussi le passé, ce fameux passé qui était si différent, si simple et beaucoup plus facile. La nostalgie de ces années antérieures qui refait surface lorsque le présent nous dépasse un peu trop.

Mais serait-ce que nous avons la mémoire courte ou l'espoir facile?

N'oublions pas que notre présent deviendra un jour ce lointain passé où tout nous semblait si merveilleux. Rappelons-nous que, il n'y a pas si longtemps, ce passé nous faisait miroiter un futur inespéré, sans limites et rempli de promesses. Qu'en est-il devenu?

J'ai souvent remarqué que, lorsque les gens échangent leurs souvenirs, plusieurs passages se simplifient, se résumant à bien peu d'évènements significatifs. Comment peut-on modifier plusieurs années de vécu pour en faire une histoire cohérente, mais aussi fort altérée? J'appelle ça : se faire une « petite boule de souvenirs ».

Prenons l'exemple d'un décès. C'est comme si, pour nous, un deuil consistait à ramasser tout ce qui concerne la personne défunte, à faire une synthèse de l'ensemble de nos souvenirs la concernant, pour nous permettre, par la suite, de remodeler le tout en une petite boule, en un genre de condensé modifié pour être acceptable, qui représentera dorénavant l'ensemble de nos expériences vécues avec cet ÊTRE. Bien sûr, nous omettrons les passages plus dérangeants, certains souvenirs qui contreviennent à l'image que nous voudrions garder de la personne en question, et maintes facettes de sa personnalité jugées par notre inconscient comme étant moins importantes pour la postérité.

En somme, j'ouvre le grand livre des expériences partagées avec cet ÊTRE et j'en réécris un condensé utilitaire que je place sur une étagère virtuelle à côté des autres « boules de souvenirs » déjà modelées. Se côtoient alors les souvenirs de mon enfance, mon premier voyage en famille, ma première petite copine, ma relation avec mes parents, un professeur en particulier, ma dernière année de collège, ma vie avec cette ancienne conjointe, etc. Tant d'évènements auxquels j'ai fait une place particulière dans ma tête, un résumé qui, au fond, embellit la véritable histoire.

Vous avez sûrement remarqué qu'en général, il est difficile de conserver une vision très négative d'une personne. On a plutôt tendance à modifier quelque peu ce qu'elle a été, à adoucir certains traits de son caractère, à la rendre plus amusante, plus sympathique, comme pour faire la paix avec le passé, pour ne pas entretenir de ressentiment inutile. Car, au fond, à quoi ça sert, puisqu'elle n'est plus là?

Il s'agit simplement d'assister aux funérailles de quelqu'un et d'écouter les conversations autour de nous pour entendre des phrases telles que : « *Comme c'était quelqu'un d'extraordinaire!* »; « *Elle s'est tellement dévouée pour les autres...* »; « *Elle aimait ses enfants et leur donnait sans condition...* »; « *Jamais un mot plus haut que l'autre!* », « *Un cœur sur deux pattes!* »

C'est comme si, une fois mort, un être perdait automatiquement tous ses défauts, tous ces petits travers qui le caractérisaient. Ou comme si on tentait de justifier ses comportements qu'on ne peut pas passer sous le tapis, en disant : « *Elle était comme ci ou comme ça, mais, au fond, c'était tellement une bonne personne!* »; « *Un sale caractère! Mais faut dire qu'il n'a pas eu la vie facile, alors…* »

Encore une fois, nous occultons le présent pour nous recréer un passé plus acceptable, comme si la réalité devait être différente, moins dérangeante. Ou pour anticiper un futur qui sera meilleur que le moment actuel, un avenir où les opportunités seront légion, meilleures que dans le passé, et que là, seulement là, notre vie changera.

Mes parents n'ont jamais possédé de maison. Ils avaient un revenu modeste, certes, mais bien d'autres gens, du même niveau social, avaient quand même réussi à accumuler les fonds nécessaires pour devenir propriétaires. Je me souviens de mon père qui, chaque année, répétait sans cesse que la prochaine année serait meilleure, qu'une augmentation de salaire à venir ainsi qu'une diminution des prix de vente rendraient le tout possible. Sauf que même si son salaire annuel augmentait de quelques dollars, la valeur moyenne des maisons montait, elle aussi, au même rythme. Résultats : on attendait encore l'année suivante qui, elle, serait la bonne, à coup sûr.

Aujourd'hui, ils sont tous les deux décédés sans jamais avoir pu réaliser leur rêve. Ils ont donc habité le même logement toute leur vie, un endroit quand même bien pour toute la famille, mais qui n'était en rien comparable à la liberté qu'offre une maison. Un rêve que mon père n'a jamais pu réaliser en cette vie.

D'ailleurs, aux funérailles de ma mère, j'ai créé une certaine commotion lorsque j'ai senti le besoin de m'adresser à l'assemblée réunie à l'église. Peu de personnes présentes avaient gardé contact avec elle au cours des dernières années de sa vie, soit parce qu'elles étaient complètement désintéressées de son sort ou mal à l'aise avec la maladie qui la tenait absente de la réalité.

Bien en selle au micro, j'ai affirmé que ma mère n'avait pas été la meilleure mère qu'un enfant pouvait espérer. Que ses manques, ses peurs, ses attentes envers tout le monde avaient fait en sorte que la vie n'était pas toujours rose en sa compagnie.

La réaction de l'assemblée a été d'une froideur glaciale, se comparant facilement à l'ambiance du temple catholique où je me situais. Au prononcé de ces paroles assassines, jugées quasi profanatrices par certaines personnes présentes, dignes d'un enfant ingrat et sans cœur pour la mémoire de sa propre mère,

« ...*une mère qui s'était sacrifiée pour l'éducation de ses enfants, qui avait donné le meilleur d'elle-même pour les rendre heureux...* », voilà que je devenais cet enfant infâme!

Je venais de secouer les colonnes du temple, et il ne me restait que quelques minutes pour m'expliquer, avant l'échafaud! J'avais fait le choix concret de ne pas tergiverser pour transformer en mensonges ce qui représentait, pour moi, une réalité de faits : « *Ma mère n'était pas parfaite!* »

Sans aucune méchanceté de ma part, je voulais simplement exprimer un état d'âme qui, au fond, nous concernait tous. Un principe qui ne faisait qu'affirmer que ma mère avait fait de son mieux avec ce qu'elle possédait.

Comme pour tout le monde, sa vie avait été un apprentissage rempli de hauts et de bas, et ce, dans les limites de ses capacités. Elle ne pouvait pas transmettre ce qui, en elle, était absent, ce qu'elle-même n'avait pas encore maîtrisé. Ce n'était pas un jugement, seulement une constatation. Juste une prise de conscience du passé, de ce que ma mère avait été pour moi, avec ses forces et ses faiblesses, pour ensuite pouvoir apprécier, à sa juste valeur, l'âme qui s'était présentée en cette vie. Jeter un regard sur son passé, sur son éducation, pour voir ce qu'elle en avait fait, durant les soixante-sept dernières années.

Je crois sincèrement qu'honorer une personne, c'est la voir dans son ensemble, dans son entièreté. Nous ne sommes pas uniquement bons. En certaines situations, nous sommes même à l'opposé. C'est ce qui fait rejaillir, encore plus, notre bonté. Le jour ne peut être le jour sans la nuit! Ils sont intrinsèquement liés. Tout comme ce qui est en haut doit coexister avec ce qui est en bas. Sans le haut, il n'y a plus de bas. De même que le haut devient le bas, lorsque le bas passe par-dessus le haut. Un homme m'a, un jour, fait comprendre que tout défaut peut devenir une qualité et que toute qualité peut devenir un défaut. Cela dépend de la situation qui est vécue. Un leader peut pousser un groupe vers la lumière tout autant que vers le suicide. L'histoire de l'humanité en est remplie à craquer.

À la suite de mon discours aux funérailles de ma mère, plusieurs m'ont dit avoir mieux compris ce qu'elle avait été et, par le fait même, avoir mieux accepté ses différences. Ils avaient beaucoup plus de compassion à son égard et ils portaient un jugement plus discret sur ce qu'elle était, en tant que personne.

Au lieu de devenir un souvenir couvert de dorures pour mieux masquer les zones d'inconfort et d'incompréhension, je garde en moi la mémoire de la femme qu'elle était réellement : une femme qui m'a donné quarante années de sa vie, avec ses forces et malgré ses faiblesses. Tout simplement!

*

C'est vrai! Le passé forme en nous l'expérience et l'avenir nous dirige vers l'avant, nous permettant d'espérer. Mais le présent reste toujours, pour nous, le seul concept concret encore malléable, sur lequel nous avons un certain pouvoir. Le passé est déjà passé et l'avenir ne s'est pas encore manifesté.

Longtemps, je me suis projeté vers l'avenir, imaginant des états d'être, des situations potentielles qui, au fond, ne représentaient que mon désir de changement. Insatisfait de ce que je vivais, j'aimais rêver d'un avenir différent, ponctué de moments plus agréables, enivrants, comme pour dissocier le présent de la réalité.

À première vue, ce n'est rien de bien mauvais, mais le problème vient du fait qu'un jour, il faut lâcher le futur pour finir par vivre dans l'instant présent, celui qui nous touche de près, celui avec qui on se réveille chaque matin.

À la suite d'une rencontre avec un thérapeute, j'ai réalisé qu'il serait grand temps pour moi de cesser de vivre virtuellement et de revenir dans la vraie vie. Ce thérapeute m'a aidé à comprendre que, tant et aussi longtemps que je n'assumerais pas le présent, le concret, je ne pourrais accéder au futur. Si la scène qui se déroulait devant moi en ce moment ne me plaisait pas, si j'étais inconfortable avec ma vie de tous les jours, ce n'était pas en me fabriquant une vie parallèle que ma réalité se modifierait, mais plutôt en affrontant les éléments dérangeants qui étaient en face de moi.

Assumer ma vie, c'était la prendre en charge, c'était le début d'une réappropriation de mon quotidien.

Le thérapeute m'a aussi aidé à comprendre que le ciel pouvait attendre, que si je m'y rendais immédiatement, je laisserais en plan un travail primordial. Je n'étais pas venu au monde pour rien, mais bien pour apprendre, transformer et vivre.

Notre chemin de vie est lié à ce que nous vivons et ressentons à chaque instant, et non à des concepts qui, peut-être, ne se réaliseront jamais. De toute façon, personne ne sait de quoi demain sera fait, alors cessons de vouloir le créer avant même qu'il ne se soit lui-même concrétisé.

Après cette thérapie, après avoir réalisé qu'au fond, je fuyais le moment présent, que je n'assumais pas ma vie réelle, en tentant toujours de la transformer de façon virtuelle, imaginaire, de la projeter dans un ciel futuriste, s'est inscrit en moi le réel désir de vivre concrètement mon existence, et ce, dans tous ses aspects, positifs autant que négatifs. Je désirais affronter ce qui est, sans détour, sans jugement, pour enfin pouvoir observer ma réalité objectivement. En arriver à faire la paix avec toutes ces parties de moi qui n'étaient pas toujours équilibrées ou en harmonie.

Le travail était loin d'être de tout repos, car la simple modification de mes habitudes et mes conditionnements devenait LE plus gros défi.

On ne change pas une recette en se levant le matin et en se convainquant qu'à partir de ce jour, la vie vient de prendre une direction différente.

Il fallait, en tout premier lieu, que je regarde ma réalité bien en face et que je me raconte « La véritable histoire de ma vie ». Oui, j'étais né dans une famille qui avait certains traits de caractère particuliers. Oui, j'avais hérité de plusieurs de ces travers. Eh oui! ça me déplaisait profondément de me voir comme ça. Voyant le résultat, j'aurais bien voulu changer mon passé en un claquement de doigts, si j'en avais eu la possibilité.

Pourquoi mes parents n'avaient-ils pas fait quelque chose pour changer ceci ou cela? Pourquoi étaient-ils restés cloisonnés dans ces mensonges, sans broncher? Moi, je ne pouvais que recevoir le tout, je ne pouvais que gober, à pleine gueule, leurs peurs, leurs complexes, leurs exagérations. Mon jeune âge me rendait vulnérable à leurs lourds bagages superflus. En comprendre le sens, c'était beaucoup trop pour le gamin que j'étais. Je n'avais donc pas d'autre choix que celui de suivre la parade.

Bien sûr, à cet âge, on ne réalise pas grand-chose. Il nous est impossible de deviner comment tout ça va modeler notre avenir, de savoir que nos comportements vont être stéréotypés parce qu'ils seront construits à partir de la matière première familiale, que nos façons de réagir révéleront une couleur qui ne nous appartient qu'en partie.

Je devais revoir qui j'étais, en prendre conscience, me révéler à moi-même. Moi qui croyais déjà si bien me connaître!

C'est vrai!

J'étais, moi, le grand Normand, celui qui conseillait, celui qui voyait la vie mieux que les autres, celui qui regardait le ciel et qui semblait en comprendre le sens, celui qui côtoyait le subtil et qui épatait la galerie par ses connaissances. Je vivais ma vie sur un nuage que je n'avais pas encore mérité, comme si on m'avait prêté une clé ouvrant la porte d'une résidence cossue, sans posséder les connaissances pour l'entretenir et l'administrer. Je « squattais » un environnement que je ne maîtrisais pas encore. Donc, en tout premier lieu, je devais me réapproprier ma vie terrestre, l'accueillir et la vivre concrètement, avant de pouvoir passer à un autre palier.

Tout comme pour l'enfant qui doit réussir un niveau scolaire inférieur avant de poursuivre sa route, sauter des étapes peut vouloir dire, se retrouver décalé par rapport aux autres, n'ayant pas appris, en temps et lieu, ces éléments importants qui ouvrent un parcours normal.

*

Avant de vouloir changer notre vie, commençons plutôt par l'accepter. Voilà pourquoi j'aime si souvent raconter la petite histoire qui suit :

> « *Il était une fois, un homme qui croyait que sa maison était exempte de poussière et de toutes sortes de saleté.*
>
> *Chaque fois qu'il entendait ses voisins parler de ménage ou d'entretien, il ne pouvait que s'en moquer, car, au fond, tout ce baratin ne le concernait en rien. Selon lui, il vivait dans un environnement parfait, totalement aseptisé et sa maison brillait comme un sou neuf. Oh! Il ne mentait pas, car à chaque inspection, lorsqu'il regardait autour de lui, il constatait que tout était impeccable et qu'aucune pièce de sa maison ne nécessitait d'entretien.*
>
> *Mais vint le jour où, par hasard, il ouvrit un tantinet le rideau de sa pièce principale et, par inadvertance, un rayon de soleil réussit à se frayer un chemin jusqu'à la table qui était tout juste à proximité de la fenêtre. Surpris, notre homme n'eut pas d'autre choix que celui de constater qu'une légère couche de poussière s'y était accumulée et qu'un coup de chiffon s'imposait. Sans rechigner, il s'appliqua à nettoyer ce qu'il percevait comme étant souillé, et retrouver la quiétude soudainement perdue.*
>
> *En terminant ce travail et en voyant pointer à nouveau le soleil sur la table, il eut l'idée d'ouvrir quelque peu le rideau voisin, question de laisser entrer un peu plus de lumière dans cette pièce trop sombre. Ici encore, il fit cette constatation surprenante : il n'y avait pas seulement la table qui était couverte de poussière, mais une grande partie de la pièce implorait aussi un peu d'amour de sa part.*

Aussitôt vu, aussitôt de plus sérieux outils étaient réquisitionnés. Le travail prenait de l'ampleur, mais sa bonne volonté ne s'en laissait pas imposer de la sorte.

Il nettoya donc, sans relâche, tout ce qui lui tombait sous la main. Et plus la lumière pénétrait dans la pièce, plus il constatait que ce n'était pas aussi propre qu'il ne l'avait cru auparavant. Pire encore, il découvrit que le salon, lui aussi, était atteint par le même virus, ainsi que la cuisine, les chambres, et le reste, et le reste... La maison tout entière était sale, empoussiérée au fil d'un nombre incalculable d'années. Le travail qui l'attendait semblait des plus ardus. Cette surprenante lumière avait révélé une vérité jusque-là insoupçonnée.

Soudainement, la vie de cet homme prit une direction inattendue. Il ne pouvait plus rester dans l'ignorance puisque, maintenant, il savait! Il voyait! »

Notre existence ressemble un peu à cette histoire. Il nous est toujours possible de garder les rideaux fermés et de s'imaginer un monde conforme à nos pensées. Mais, un jour ou l'autre, nous devrons les ouvrir et laisser entrer un peu de cette lumière révélatrice et compromettante. Et plus elle illuminera la pièce, plus la poussière accumulée se révèlera à nos yeux, nous plaçant devant ce choix déchirant : assumer et regarder en face tout le nettoyage à faire ou refermer le rideau et tenter d'oublier.

Je dirais même que certaines personnes s'organiseront pour colmater, de façon permanente, la source lumineuse pour s'assurer que cela ne se reproduise plus jamais. Et voilà, le tour est joué! Malheureusement pour eux, la vie est chargée d'un mandat qu'elle respectera jusqu'au bout. Que ce soit demain ou dans cent ans, la lumière devra se faire, coûte que coûte.

À chaque instant, nous avons l'occasion de fuir. Chaque seconde, il nous est possible de nous égarer sur la route. Mais au-delà de nos attentes quotidiennes, la vie suit son cours et, tendancieusement, elle nous ramène avec douceur à l'endroit où nous devons être. Chaque moment est le bon, pour nous servir à comprendre, à avancer, à mieux nous connaître. Car, au fond, il n'avait pas totalement tort, celui qui a dicté une des phrases les plus célèbres de notre temps : « *Connais-toi toi-même et tu connaîtras l'univers tout entier.* »

Comment puis-je comprendre les autres si, au quotidien, je suis un total inconnu pour moi-même?

Il faut accepter que le moment présent soit l'instant le plus important de ma vie. Qu'il est la source, le départ de ce que sera demain et que tout est possible.

Je ne dis pas qu'une pensée magique s'est installée en moi et que me voilà en train de déplacer une montagne! D'ailleurs, je n'adhère pas vraiment à ces visions cinématographiques, plus en lien avec le spectaculaire, qu'avec l'avancement de l'être humain. À quoi ça me servirait de prendre cette magnifique montagne pour la placer ailleurs? Pour quelle obscure raison voudrais-je une telle chose? Pour qu'elle n'obstrue plus mon champ de vision lors d'un coucher de soleil? Pour qu'elle cesse de faire ruisseler l'eau de pluie sur mon terrain? Tout ça n'aura d'importance que celle que j'y accorderai. Je n'aurai qu'à me déplacer un peu pour retrouver les doux rayons du soleil.

Voilà! Apprends à te déplacer toi-même au lieu de vouloir déplacer ce qui t'entoure!

La vie ne revient pas toujours qu'à un seul point de vue, qu'à une seule perception. Ce moment présent que l'on perçoit d'une certaine façon apparaît sûrement d'une manière différente à notre voisin qui possède une expérience de vie autre de la nôtre. Oui! Nous pouvons déplacer des montagnes, mais ces montagnes sont les nôtres, intérieurement, celles que nous laissons grandir par nos perceptions, nos peurs, nos regrets, notre culpabilité, notre insouciance, notre imagination ou notre impatience. Et ces montagnes grandissent, grandissent et grandissent encore, jusqu'au point où il faut les déplacer pour retrouver le soleil qui, maintenant, se cache derrière.

Pour moi, retrouver le moment présent passe aussi par une cure de désintoxication de tout ce faux qui s'est immiscé subtilement dans nos vies, au fil des années. Pour nous débarrasser de ce virtuel dont plusieurs d'entre nous ne peuvent plus se passer et qui nous maintient en dehors du lieu où nous sommes, à l'instant présent, juste pour retrouver l'envie de « prendre le temps ».

Lors d'une discussion plutôt animée au sujet des téléphones intelligents, un ami me vantait les mérites de ces petits engins dont il ne pouvait plus se passer. (Bon, je conçois que certaines de leurs fonctions semblent être attrayantes, mais passons, car ce n'est pas le thème que je veux aborder ici.) Il m'avouait détester rester à rien faire, que lorsqu'il se retrouvait dans une file d'attente, au marché, à l'institution financière ou à la clinique médicale, il était incapable de n'être que là, présent, sans s'occuper l'esprit avec quelque chose. Et ce quelque chose, vous l'aurez sans doute deviné, c'était, bien sûr, son téléphone dit « intelligent ». Ça lui permettait de s'abandonner à des jeux, il pouvait s'informer, prendre des nouvelles des gens qui, comme lui, attendaient quelque part, ailleurs en ce monde.

Vous vous souvenez du temps où, dans une salle d'attente ou dans une file, on ne faisait « qu'attendre »? De ce temps où on savait « ne rien faire »?

Divaguer, se perdre dans sa tête pour un instant, philosopher avec soi-même, remettre en question une décision ou, au moins, y réfléchir un peu, regarder la petite fille dans sa poussette, à côté, et lui faire un sourire, ou encore draguer la voisine! Pourquoi pas? Tout était permis, car « on avait du temps... on attendait! »

Ce camarade « toujours branché » ne pouvait pas imaginer la description que je lui faisais de ma vision de « ne rien faire ». « *Impensable!* », me disait-il. Il devait se tenir au courant de tout et surtout ne pas avoir à réfléchir de la sorte, car ça, à son humble avis, c'était du temps totalement perdu. Bon! Je respectais son opinion, mais je ne pouvais m'empêcher de trouver sa situation un peu désolante, car je me demandais : « Comment fait-on pour se connaître soi-même lorsqu'on est constamment à l'extérieur de sa vie? »

À vouloir suivre la vie des autres en continu, trop souvent, nous finissons par oublier la nôtre. D'après moi, il faut revenir à un équilibre dans tout ce monde de perpétuels stimuli, retrouver des moments de calme où seul notre esprit prend toute la place. Notre intuition est notre meilleure alliée, à tout moment, mais elle se voit reléguer loin derrière, ensevelie sous d'énormes formes de pensées qui nous projettent hors de nous-même, dans un avenir incertain et loin d'être concret.

Tout comme l'homme avec sa maison remplie de poussière, je souhaitais à mon ami toujours branché, qu'un jour, lui aussi, il ouvre par hasard le rideau pour que la lumière entre dans la pièce, juste un petit peu. Il y découvrirait peut-être ce trésor insoupçonné, c'est-à-dire LUI-MÊME!

Mon côté rebelle réagit toujours un peu plus en certaines occasions, surtout lorsque je vois se perdre d'extraordinaires moments d'apprentissage, de précieuses occasions qui passent sans que personne n'en tire avantage. Avec le temps, mes sautes d'humeur se sont calmées. Je réalise qu'il y a toujours un train pour chacun, que c'est important d'être là, présent à la vie, pour le voir se pointer à l'horizon. Lorsqu'un train arrive en gare, je ne me demande pas s'il y en a un autre qui suit ou, pire encore, si c'est le mien ou celui d'un autre.

Non! Il n'y a qu'un seul train qui approche à ce moment là et tout ce qui compte, c'est de savoir s'il me convient. Selon ce que j'en sais présentement, je me demande : « Est-ce que ce train constitue, pour moi, une occasion de progresser ou est-ce qu'il va me mener vers une destination peu profitable? »

Il se peut qu'une fois à bord, je réalise que le voyage est déjà terminé et qu'il faut, d'ores et déjà, penser à une autre destination. Oui, à certains moments de la vie, le chemin s'arrête de façon impromptue et une autre avenue devient, pour nous, prioritaire.

Ce n'est pas que nous avons fait un mauvais choix, mais plutôt que, dans ce court laps de temps, notre apprentissage s'est accéléré, que la donne a tout simplement changé et que maintenant, de nouvelles opportunités se présentent. La vie a de ces surprises quelquefois!

*

J'avais quitté ma ville natale depuis déjà une décennie lorsque l'envie m'a pris d'y retourner. Dix années vécues loin de mes amis, de ma famille!

L'idée de revenir aux sources me semblait, alors, tout à fait pertinente. Surtout, je me disais que tout le bagage que j'avais accumulé, toute cette expérience de vie supplémentaire, ça me rendrait la vie beaucoup plus facile pour replonger dans cet environnement connu. C'était ce que je pensais…!

Donc, sur un coup de tête, j'ai vendu la maison, j'ai quitté mon emploi et j'ai pris la route avec tous mes meubles, mes quatre chats et ma motivation, pour retrouver ces rues, ces quartiers et ces amis conservés si précieusement dans ma mémoire. Je voulais me refaire une nouvelle vie.

Déjà dix ans, qu'avec un simple baluchon sur l'épaule, huit cents dollars en poche et une copine prête, elle aussi, à quitter son patelin, je m'étais présenté dans une ville totalement inconnue. Pas d'emploi, avec un seul numéro de téléphone en guise de référence, je m'étais retrouvé sans rien devant moi. Et pourtant, quelques semaines à peine après mon arrivée, je savais déjà que je prenais racine pour une bonne période de temps. Tout déboulait! Le travail ne manquait pas, je me sentais bien à cet endroit et la vie donnait des signes fort positifs à toutes mes interrogations. Je suivais mon « *feeling* » intérieur et les choses se plaçaient plus vite à chaque fois. J'expérimentais cette fameuse brise qui, encore aujourd'hui, m'indique toujours le chemin à suivre, que je la prenne, oui ou non, en considération.

Voilà donc que, dix ans plus tard, ce vent soufflait à nouveau sur moi. Je le sentais fort et persistant et de plus, chaque décision se prenait aisément, les réponses m'arrivaient en séquence, sans rien échapper… rien pour m'avertir de prendre garde.

Ayant l'envie ferme de revenir au bercail une fois pour toutes et sentant en moi que le voyageur jetait l'encre pour de bon, j'avais même acheté une maison dès mon arrivée, dans un quartier que je connaissais bien et qui me ramenait des souvenirs heureux et apaisants : ce fameux Lac-Beauport! Un lieu où la nature était reine, où le calme et la beauté régnaient sur tout. « Un lieu où je finirais bien mes jours! », me disais-je.

Et en plus, signe que de la synchronicité se pointait encore le bout du nez, à mon arrivée, j'avais déjà un travail qui m'attendait. C'était pour moi une nouvelle vie remplie de promesses, de défis et des amis que je retrouvais avec plaisir après toutes ces années d'éloignement.

Alors, pourquoi après seulement une semaine de travail, avais-je la certitude que ce retour n'allait pas durer aussi longtemps que je le croyais?

En effet, quelque chose m'a pris par surprise, me frappant sournoisement par l'arrière. Je dirais même plus : un train venait de me renverser!

Pourquoi?

Pas si vite!

Je n'avais même pas défait toutes mes boîtes qu'on me montrait déjà la porte de sortie. Qu'étais-je? Un pantin qu'on galvaude de droite à gauche sans rémission?

Le choc était brutal, mais la vie me présentait la situation de façon tellement claire qu'il m'était impossible de faire de l'évitement et de tomber dans le déni.

Un patron, trop bien implanté dans la boîte, avait décidé de mon sort avant même mon arrivée. N'ayant pas apprécié que sa supérieure lui impose ma présence et sachant de quelle ville j'arrivais, il avait décidé de me rendre la vie difficile. Craignant de ma part une vantardise démesurée parce que j'avais joué dans les ligues majeures pendant quelques années, il désirait abattre l'ennemi avant même qu'il ne se présente. Il avait décidé de me le faire ravaler dès mon arrivée.

Le pire dans tout ça, c'était que, en réalité, je provenais du même endroit que lui et qu'avant de quitter pour mon grand voyage, nous avions été collègues, lui et moi. Mais ça, il l'avait oublié. Donc, selon lui, j'étais devenu le gars de la grande ville qui ne viendrait pas tout chambouler dans sa boîte et lui montrer comment travailler. C'était une guerre intestine entre deux villes, une longue histoire, dont je faisais les frais. Une différence de mentalité qui, bâtie au fil des décennies, était devenue impossible à contrer. Et ça, je ne le savais que trop bien!

Au total, j'ai réussi à passer six mois dans mon patelin natal.

À maintes occasions, je me suis demandé : « Non, mais pourquoi si vite? Pourquoi ça ne devait durer qu'un battement d'ailes? Qu'avais-je à apprendre en si peu de temps? »

Additionnez à ça toutes les démarches pour repartir à nouveau, pour vendre la maison, en trouver une autre, refaire les boîtes… pour finir, en fin de compte, par revenir presque au même endroit, six mois plus tard. Et lorsque je dis au même endroit, je veux vraiment dire à quelques rues de mon ancienne adresse, car j'ai choisi de retourner dans cette même ville où j'habitais avant mon départ.

Comment comprendre ce genre de passage alors que tout semblait, à l'origine, si limpide et si clair?

Ce n'est que quelque temps plus tard, après que tout se soit calmé, que j'ai pu en saisir tout le sens. J'ai alors pris conscience que cet épisode avait une raison d'être beaucoup plus capitale que je ne pouvais l'imaginer. En ce court laps de temps, j'avais acquis des éléments qui allaient orienter le reste de ma vie.

Durant cet exil, je m'étais imaginé que nos racines partent toujours de l'endroit d'où l'on vient, que lorsque nous sommes ailleurs, ces liens familiaux nous ramènent constamment au point de départ, à l'endroit d'où ils sont issus. Je m'imaginais que le jour où je reviendrais « chez moi », je ressentirais un bien-être particulier, un contentement incroyable, et que ces racines, toujours présentes en ces lieux, me ramèneraient à mes ancêtres, à mon passé, à une certaine sécurité intérieure, parce qu'enfin je retrouvais les miens, je retrouvais ma vie d'avant.

Mais les choses avaient changé. Je n'ai pu que constater que rien n'était pareil au temps de mon départ. Les gens avaient changé, les lieux avaient changé…**J'AVAIS CHANGÉ!**

Mes souvenirs ne correspondaient plus à ce qui se présentait devant moi. Trop d'années s'étaient écoulées entre ces deux périodes de vie, laissant des expériences différentes nous distancier. Malgré ces contacts réguliers qui entretiennent les liens, ces visites occasionnelles, ces nouvelles reçues de l'un et l'autre, la rivière avait suivi son cours. Elle avait sculpté les rives différemment, déplacé quelques pierres, elle avait dévié de son parcours à certains endroits. Je ne reconnaissais plus ma vie d'avant. Plusieurs points de repère avaient changé, d'autres avaient, à proprement dit, disparu. J'étais devenu le résultat d'expériences vécues en des lieux différents, de rencontres multiples, d'un cheminement accompli loin d'eux et sans eux.

Par le fait même, je m'étais distancié du bassin familial et de la vibration dans laquelle il me maintenait, inconsciemment. Sans m'en rendre compte, j'étais devenu beaucoup plus « moi-même » que je ne l'aurais été en restant dans mon environnement d'origine. De nouvelles influences, combinées à des rencontres teintées de couleurs exotiques, sans oublier l'isolement qui joue un très grand rôle dans le cheminement d'un individu, avaient fait en sorte que maintenant mes racines me suivaient. Où que j'aille dorénavant, « ce que j'étais » m'appartenait entièrement et m'accompagnait. Mes racines faisaient partie intégrante de ma personne, pour toujours.

Je n'étais plus (et ne serais plus jamais) le « p'tit gars de Québec », celui qui n'existait que de par l'endroit d'où il venait, que par les gens qui composaient son entourage, que par le domaine qui l'employait, et tout le reste.

Ce séjour de quelques mois m'avait permis de couper les ponts avec tout ce passé, de constater sur place que je ressemblais beaucoup plus à « moi-même » qu'à mes ancêtres, que je pouvais être n'importe où et me sentir chez moi, car mon « chez-moi », c'était « **moi où que je sois** » !

Mes amis sont toujours présents dans ma vie, mais je n'attends plus rien d'eux. Je n'ai plus à imaginer ce que ça serait si nous étions physiquement tout près les uns des autres, car, maintenant, je le sais. Ils ont vécu eux aussi pendant tout ce temps et, tout comme moi, ils ont évolué. Nous pouvons échanger, rire et nous amuser ensemble, mais ça ne sera jamais plus comme avant mon grand départ. Plus jamais je ne m'ennuierai d'un passé imaginaire, car, maintenant, j'ai la certitude qu'il n'existe plus, qu'il fait partie de l'histoire, de mon histoire, qu'il appartient au monde des souvenirs, sans plus.

Le retour dans ma ville natale aura été un passage très rapide, mais à la fois très déterminant pour moi. Aurais-je pu y rester plus longtemps? Oui! Sûrement! Mais malheureusement, je n'aurais pas pu entendre et sentir ce vent qui, à nouveau, soufflait sur moi, cherchant à m'entraîner ailleurs, pour poursuivre ma quête de la vérité, du bonheur, de la liberté, de ma réalisation en tant qu'être humain.

Au fond, combien de temps l'alpiniste doit-il rester au sommet de l'Everest pour pouvoir affirmer qu'il l'a vaincu? Une minute? Une heure? Une journée? Non! une seule seconde suffit… et il peut redescendre!

Ce qui arrive en ce moment, à l'endroit même où je me trouve présentement, doit être la seule et unique chose importante au monde. Tout ce que j'ai à comprendre est ici et maintenant. Nulle part ailleurs qu'ici!

Au-delà des apparences, en dépit des obligations virtuelles que la société nous impose, il faut nous référer qu'à nous-même, qu'à notre « senti » intérieur, pour réellement savoir ce qui, au moment présent, est bon pour nous ou mal ajusté. Il faut que nous devenions assez sensible pour réagir aux caresses de cette brise qui souffle à l'occasion, pour nous rappeler sa présence et la laisser nous indiquer la direction à prendre. Et surtout, il faut se faire entièrement confiance pour accomplir notre travail.

La vie suggère une occasion, elle n'impose que rarement. Et même si, parfois, elle se fait insistante, elle nous laisse toujours le libre arbitre pour prendre nos décisions. Il faut se rappeler que cette vie qui est la nôtre, nous appartient en totalité, qu'à chaque étape, nous en sommes les architectes, les créateurs. Plus nous remettons notre petit ballon de bonheur dans les mains des autres, plus nous devenons des victimes, des êtres totalement dépendants des autres, de leurs interprétations, de leurs perceptions et de leurs actions. Il faut reprendre notre vie en main et surtout, il faut l'assumer, autant dans nos grandes réalisations que dans ces amères défaites qui nous servent de tremplin vers un avenir meilleur.

Nous devons assumer notre propre vérité et ses conséquences. Nous devons apprendre sur nous-même pour ne plus jamais nous renier, nous oublier, nous rabaisser. Pour enfin, nous mériter, quoi qu'en dise la planète entière! Tout part de là!

-13-

Et la vie dans tout ça?

« *Si tu veux faire rire Dieu, parle-lui de tes projets pour demain…* »

Proverbe russe

Et la vie dans tout ça?
Qu'est-ce que c'est que « LA VIE »?

Voilà une question bien difficile à répondre. Comment comprendre le sens de la vie lorsqu'on a l'impression qu'il n'y en a plus, que tout s'écroule, qu'on ne peut plus s'accrocher à quelque chose de concret? Et voilà, au fond, ce qui devient notre pire ennemi : vouloir trouver un sens à notre vie.

Ne voulons-nous pas trouver ce sens pour mieux nous ancrer, nous réconforter à propos du futur et ne plus vivre dans l'insécurité du lendemain? Et si demain ne se concrétisait que « demain »? Et si demain était une page blanche et que notre seule obligation était d'en écrire le scénario seulement « DEMAIN »? Tant de choses peuvent se passer durant la nuit, tant de décisions peuvent s'éclairer. Tant d'étoiles vont naître et disparaître durant ces heures où nous allons être absents du monde réel. Si, à chaque instant, nous avions le mandat de vivre le moment présent, sans penser à plus tard, à la semaine prochaine, à ce que serait notre vie sans ceci, sans cela, aurions-nous besoin de chercher le sens de notre vie?

Et si, au fond, toutes ces épreuves, ces changements, ces deuils, ces pertes et ces maladies n'existaient que pour nous guider vers l'avant? Pour nous permettre d'apprendre sur nous, pour nous libérer de ces attaches, de ces chaînes de plomb qui font que, plus le temps passe, plus nous devenons différents de ce que nous sommes vraiment, plus moroses, plus frustrés, déçus, enclins à nourrir des attentes inutiles.

Tout ça parce qu'à l'intérieur de nous se crée sans cesse un vide qui nous laisse souffrant.

BONHEUR = $\frac{\text{SATISFACTION}}{\text{DÉSIR}}$

Voici la belle équation proposée par Dan Millman, dans son livre intitulé Le guerrier pacifique. Cette équation représente la source de bien des maux de notre époque. Ces désirs démesurés provoqués par un immense vide intérieur, par cet inatteignable niveau de satisfaction basé sur des valeurs véhiculées par une société en manque de stimulation ou axées sur des motifs déjantés et irréalistes. Un beau bonheur bien mal traité et tellement désappointant, au fil d'arrivée.

Pourquoi, de nos jours, les réseaux sociaux, tels que Facebook et Twitter pour ne nommer que ceux-là, sont-ils devenus si importants, voire indispensables, pour une grande proportion de la population? Pourquoi est-ce devenu insupportable de ne pas avoir lu ses courriels dans la dernière heure? Pourquoi certaines personnes ont-elles développé ce problème qu'on appelle « nomophobie » lorsqu'elles n'ont pas leur cellulaire en poche? Cette anxiété qui se développe lorsqu'elles sont loin de leur téléphone, lorsque la pile de l'appareil est morte ou que la couverture du réseau n'est pas adéquate?

À ce propos, voici une anecdote intéressante.

Il y a quelques mois, j'ai assisté à une représentation du chanteur James Taylor, un artiste reconnu pour ses prestations à l'ambiance toute en douceur. Je me préparais donc à vivre des moments inspirants et fort relaxants. Les lumières se tamisant tout doucement, enfin, le début du spectacle. Une douce musique correspondant tout à fait à mes attentes m'enivrait déjà lorsque le Maître entre en scène sous les applaudissements nourris d'une foule déjà conquise.

Tout à coup, à cet instant précis, une lumière intense et dérangeante m'agresse sur ma droite. Tel un chat détectant sa proie, d'un mouvement de tête, je localise l'origine du problème.

« Non! C'est pas vrai! »

Je ne pouvais en croire mes yeux : la personne assise immédiatement à mes côtés venait de prendre son téléphone et se mettait à envoyer des « textos »! En pleine salle de concert! Alors que l'artiste n'avait même pas terminé sa première chanson!

Tellement bouche bée, j'ai interpellé la dame en question et lui ai demandé :

« Mais qu'est-ce qui peut bien être aussi important pour déranger les gens de cette façon? Au moins, ne pouvez-vous pas attendre l'entracte pour revenir à votre vie normale? »

Comme si on pouvait considérer « normale » une telle façon de vivre! Pourquoi ne pas rester présente, l'espace d'à peine deux heures, pour vivre pleinement cette prestation, ce spectacle tant attendu dont elle avait, tout comme moi, payé les billets à fort prix?

Pas très heureuse de mes remarques, la dame a simplement décidé, pour régler le problème, de changer de place avec son mari. Comme ça, elle ne pouvait plus me déranger et elle pouvait se permettre de poursuivre ses échanges avec le monde extérieur comme elle le souhaitait. Son nouveau voisin de siège a semblé être plus clément que moi, ou plus soumis peut être.

Triste histoire, n'est-ce pas?

Au fil du temps, on nous a convaincus qu'il est important de « ne rien manquer ». On nous a laissés croire que tout le monde voulait entendre parler de nous, de nos vies, des détails anodins de notre quotidien. Nous passons notre temps à relater chaque minute, chaque instant de notre vie, ce qui fait que nous ne la vivons pas, étant tout simplement absents, trop occupés à écrire sur le sujet. Nous assistons à des évènements, et le premier réflexe qui nous vient, c'est de prendre une photo ou, tout simplement, de filmer la scène pour la partager dans les plus brefs délais, question de nous sentir intéressants face aux autres. Comme pour vouloir laisser l'impression d'une vie parfaite, voire même enviable, comme pour se donner en spectacle, pour jouir de toute l'attention qui peut en résulter.

Étant moi-même photographe, je peux vous assurer que lorsque je suis en mode « prise d'images », automatiquement je m'éloigne de ce qui se dit ou se fait autour de moi. Je ne suis pas là à contempler ce qui se passe sous mes yeux, mais plutôt complètement absorbé par l'action d'immortaliser cette scène.

Mais quel est donc cet intérêt maladif de ne penser qu'à pousser sur Internet tout ce qui se vit devant nous ou en nous? C'est comme se payer une croisière et passer la semaine entière dans sa chambre à écrire sur ce qu'on pourrait vivre pendant cette même foutue croisière!

Je me souviens d'une conversation avec un ami, un vendredi soir, autour d'un bon repas. Nous discutions justement de ce phénomène, de cette tendance à inonder les autres de détails sur sa vie personnelle. Lui et moi, nous soupions ensemble sur une base régulière, mais toujours espacée de quelques semaines. Très occupés chacun de notre côté, il nous était toujours fort agréable de nous retrouver pour se partager les derniers potins. Je lui faisais remarquer que, lors de nos rencontres, nos sujets de conversation portaient toujours sur ce qui était le plus important, sur ce qui avait marqué nos vies depuis notre dernière discussion. Un tri logique se faisait inconsciemment et nous n'abordions que les sujets qui nous avaient vraiment touchés.

Et c'est ce qui est normal. Pourquoi se raconter que, telle journée, une rue a été bouchée et que j'ai dû contourner le secteur deux fois si, en réalité, le tout était rentré dans l'ordre quinze minutes plus tard. Ce serait une nouvelle pertinente seulement si ça avait provoqué mon retard à une entrevue et que, pour cette raison, le poste ardemment convoité m'avait glissé entre les doigts. Perdre une opportunité de carrière, ça, c'est un fait majeur dans une semaine, un moment difficile qui vaut la peine d'être raconté à un ami!

Mais relater en détail de quoi avait l'air ce certain mets qu'on a cuisiné deux semaines auparavant, voilà une question qui, pour moi, reste entière. Pourquoi vouloir raconter quelque chose de si banal? À moins d'avoir fait un empoisonnement alimentaire et avoir passé trois jours à l'hôpital! Alors là, je comprendrais que ce mets soit devenu LA grosse nouvelle du jour. Mais bon, à part ça, y a pas de quoi en parler.

Revenons un moment à la question de la circulation et imaginons la réaction de plusieurs d'entre vous. Moquons-nous un tantinet! Je vous vois quittant votre appartement et hop! Déjà, vous écrivez un petit texto comme celui-ci : « Bon, là, là! Je pars pour le centre commercial, plein d'achats à faire! Yeah! »

Et encore, à peine quelques minutes plus tard : « Enfin en route! La voisine avait besoin de parler, alors… Ah! Montréal, encore des détours…Y a pas quelqu'un qui a un hélicoptère à me prêter? »

Dix minutes plus tard, et voilà une photo, en direct du cellulaire, pour nous montrer la circulation dans le secteur. Et un autre texto : « Vous me croyez maintenant? Quelle merde! Bon, bon! Et la police qui s'en mêle. Pas trop sympa le mec! Enfin! Ça roule! Ah! J'oubliais, voici une photo du policier pour mes amies célibataires… »

Y a-t-il quelqu'un que ça intéresse, tout ce charabia? Posez-vous la question. C'est comme si nous pensions être devenu intéressant aux yeux des autres parce que nous nous racontons sans cesse. N'est-ce pas plutôt pour quêter de l'attention, pour chercher à se valoriser, peut-être? Croyons-nous être mieux perçu, mieux apprécié, mieux aimé, si tous ces gens savent ce que nous vivons au quotidien?

C'est comme si notre vie de tous les jours nous semblait plus palpitante, plus enivrante et que, à chaque évènement, nous avions des centaines de « *fans* » qui épiaient nos moindres faits et gestes, attendant la suite de cette vie par procuration. Comme pour une star de la télé, quoi!

Un jour, j'étais en formation avec un groupe, dans un endroit un peu isolé. Réalisateurs, techniciens et journalistes passaient une semaine ensemble pour apprendre des techniques de survie en zone de guerre. J'avais remarqué, disons que c'était assez facile de le faire, qu'une collègue journaliste ne cessait de prendre son téléphone pour écrire, et ce, cinq ou six fois par heure, minimum! Sans passer son tour, à chaque occasion, elle sautait sur son téléphone pour écrire « je ne sais quoi à je ne sais qui ». C'était vraiment dérangeant d'entendre le « tac tac tac » de ses doigts, tapant frénétiquement sur le minuscule clavier et, en plus, c'était fait sans aucune discrétion. Intrigué, le soir venu, je lui ai posé la question pour savoir ce qu'elle avait tant besoin de raconter pour ennuyer le reste du groupe de la sorte. Sa réponse?

- Mes fans doivent savoir ce que je vis en ce moment.»

J'étais sidéré! De un, dans mon livre à moi, une journaliste n'a pas de « *fans* » et c'est vraiment avoir un égo démesuré que d'affirmer une telle chose. De deux, à part notre conjoint, nos enfants ou nos parents, personne ne tient à savoir ce que nous pensons à chaque instant. Mettons-nous bien ça dans la tête! Et encore là, ce que pense ma conjointe à l'instant présent m'indiffère totalement… Je sais à peine ce que moi je pense en ce moment…

Voici une phrase, un peu trop directe, mais tellement révélatrice, qui dit :

« *80 % des gens se foutent de ce que vous vivez, et l'autre 20 %, ben… ils sont bien contents que ça vous arrive!* »

Bon! Ce n'est pas tout à fait vrai, mais pas complètement faux non plus!

Qu'est-ce qui nous pousse tant à nous chercher une vie si extraordinaire? Qu'est-ce qui, soudainement, nous rend plus acceptable socialement lorsque nous naviguons dans le monde virtuel? Pourquoi avons-nous ce besoin démesuré de nous exprimer, même pour des choses d'une complète banalité?

À mon avis c'est que, tout simplement, notre valeur personnelle est en défaut, c'est que le regard des autres sur nous est devenu notre principale source de revalorisation. Avoir cinquante « *like* » sur Facebook à la suite de la publication d'une opinion, nous rassure sur ladite opinion et nous confirme que nous avons bel et bien raison de penser ainsi. Si tout le monde le dit, alors ça doit être vrai!

On ne nous a malheureusement pas appris à penser par nous-même, à se faire confiance. À simplement assumer nos opinions et nos actions et à bien vivre avec. Nous avons donc besoin de l'approbation des autres, soit par une parole, soit par un regard, soit par des répliques positives à nos commentaires sur les réseaux sociaux. Bâtissez votre vie sur la perception des autres et vous serez tout, sauf vous-même!

Au nom de la consommation, la société, elle aussi, profite de notre faiblesse à ne pas discerner ce qui nous convient de ce qui ne nous convient pas. Les grandes compagnies maîtrisent très bien le fait que nous sommes influençables et avons besoin de sentir que nous ne sommes pas seuls avec notre opinion, qu'il y a consensus sur le sujet dans notre entourage. Nous sommes l'acheteur à qui on doit vendre quelque chose, et si nous la possédons déjà, on doit en faire une nouvelle version, améliorée et indispensable, pour que nous courions tout droit chez le détaillant pour nous la procurer, tout en étant certains de bien nous faire croire que c'est le produit idéal pour nous et que tout le monde en redemande. Donc, ce produit assurera notre bonheur éternel, c'est-à-dire jusqu'à la prochaine version mise en marché!

De un, on veut nous vendre un produit. De deux, on joue sur notre désir d'être bien perçu par les autres, sur notre besoin de faire partie de la « gang », pour nous faire sentir coupable de ne pas posséder ce produit ou de ne pas suivre la masse.

Connaissez-vous bien des gens qui peuvent marcher à contre-courant et se sentir en total accord avec eux-mêmes?

Le sentiment d'exclusion est fort désagréable et tous, nous avons, un jour ou l'autre, ressenti cette impression de rejet, de non-appartenance au clan.

De trois, la mode est aux gens « extraordinaires ». Dans les « *reality show* », on nous présente des concurrents gonflés aux stéroïdes, réalisant des exploits qui nous laissent pantois, ayant surmonté des défis de vie hors du commun. On tente de nous faire croire que la majorité de la population est comme eux et qu'il y a seulement nous qui sommes différents. On dirait qu'aujourd'hui, être banal n'a plus sa place. On ne peut pas tous sauver des vies, piloter un avion ou escalader des montagnes. Ceci n'est pas la vraie vie. Oui, c'est vrai pour un infime pourcentage, mais en majorité, nous avons tous une vie dite « normale ».

Si nous étions tous « extraordinaires », nous deviendrions si « ordinaires ».

Quelles sont les valeurs importantes que je véhicule autour de moi, chaque jour, et qui font de ma personne un être unique et aussi important qu'un autre?

Et si je suis par moi-même une personne d'importance, ai-je besoin qu'on me le rappelle? Ai-je ce besoin d'avoir constamment l'approbation des autres, par un commentaire sur un réseau social, pour me rappeler que j'existe en ce moment précis de la journée? Si je me procure tel ou tel objet, puis-je me faire assez confiance pour savoir ce qui est bon pour moi, et ce, même face à la critique et à l'adversité? Puis-je apprendre à penser par moi-même sans toujours chercher le regard des autres pour approuver et certifier?

Revenons à l'instant présent, car c'est à ce moment que la vie se déroule. Nous ne nous en rendons peut-être pas compte, mais nous sommes en train de prendre de grandes décisions qui influencent énormément ce que sera notre futur. Il est donc important d'y revenir au grand galop.

Nous sommes les créateurs de notre propre plan de vie, les architectes des grands bouleversements et les fossoyeurs de nos retenues.

Quelqu'un a dit : « *Pour changer le monde, il n'y a rien à faire, seulement être vous-même. Et ceux qui sont prêts y verront un exemple à suivre.* »

L'être humain trouve toujours un ami, un voisin, un parent ou un professeur sur qui prendre exemple. Soit pour mieux se nuire à lui-même, soit pour s'élever, mais toujours, sans s'en rendre compte, il avance et apprend. Y a-t-il un sens à tout cela?

La vie est une création de soi, de l'expression de ce que nous sommes et du chemin par où nous devons passer pour mieux le devenir, la route que nous avons choisie pour nous retrouver, tel que nous le sommes vraiment.

Je m'amuse souvent à raconter l'histoire suivante.

C'est comme si nous étions tous au balcon, en haut, juste avant de nous présenter ici sur terre. Arrive alors cette période où nous sont proposées toutes les options d'incarnation possibles pour satisfaire nos désirs d'apprentissage. Tous en même temps, mais chacun de notre côté, individuellement, nous évaluons les chemins à emprunter, le potentiel de l'expérience à vivre, nous choisissons nos parents, nos amis... C'est comme si nous proposions des rendez-vous. Par exemple : se croiser en telle ou telle situation, se rendre service, s'appuyer mutuellement si, bien sûr, nous pouvons nous rendre au rendez-vous à temps! C'est comme si, à l'avance, nous fixions un rendez-vous avec ceux qui nous entourent, en leur disant :

« *Ah oui! Toi et moi, servir les gens, ça serait cool! Retrouvons-nous en fin de vie pour cela.* » « *Tu sais, si je veux bien comprendre et régler ce genre d'émotion, je vais avoir besoin de toi pour m'aider. Tu pourrais ainsi arriver comme un sauveur et sans cesse me provoquer. De cette façon, mon orgueil légendaire se ferait un peu brasser.* »

« *Moi, j'ai besoin d'expérimenter le rejet. Toi, tu cherches à reprendre confiance dans tes relations et, pour cela, tu dois vivre plusieurs rencontres. Je pourrais donc être de passage dans ta vie et notre rencontre nous permettrait d'expérimenter, en même temps, ce dont nous avons besoin, toi et moi, pour mieux comprendre.* »

Il y a tant de scénarios, tant de possibilités! Nous sommes, en permanence, le messager de l'autre, le bourreau d'un voisin, l'ami d'un jeune, le support d'une autre personne. Ce n'est que la grande pièce de théâtre de la vie qui se déroule sous nos yeux.

Mais y a-t-il un sens à tout cela?

Alors qu'elle est en visite dans son coin de pays, une de mes amies accompagne sa sœur cadette à une petite soirée. Sur le chemin du retour, à peine à deux ou trois kilomètres de la maison familiale, elles frappent de plein fouet un orignal qui se tient en plein centre de la route. La bête traverse leur auto de part en part, arrachant tout sur son passage, capot, toiture, heurte violemment la tête de mon amie et brise le bras de sa jeune sœur du même coup. Se retrouvant sans conducteur, l'auto bifurque et termine sa course dans un fossé.

À l'hôpital, plusieurs examens révèlent une commotion cérébrale, des ecchymoses, un nez fracturé et plein d'autres blessures. Bien que très malchanceuse d'avoir frappé une bête de la sorte, mon amie peut se compter bénie des dieux d'être encore en vie et de ne pas être décapitée. Quelques mètres à droite ou à gauche et c'était le coup fatal pour les deux jeunes sœurs, encore dans la fleur de l'âge.

Mais le plus important dans cette histoire, c'est ce « *scan* » passé par prévention, à la suite de sa commotion cérébrale. Ce seul petit test de plus a révélé une anomalie dans la région thyroïdienne, inquiétant au plus haut point le médecin qui était de garde. Aujourd'hui encore, elle se rappelle clairement l'insistance de cet urgentologue pour que, dès son retour à la maison, elle demande à son médecin de famille d'aller investiguer plus en profondeur ce qu'il avait vu sur le « *scan* ». Elle se souvient aussi d'avoir dû se battre pour qu'on pousse plus loin la recherche, malgré les résultats de l'analyse des prélèvements sanguins qui ne démontraient rien d'anormal. Et tout ça, grâce au regard convaincant de cet ange, à l'urgence, qui lui avait si fortement démontré son inquiétude face à la situation. Et il avait bien raison d'appréhender autre chose, car, finalement, bien assise dans le bureau de son médecin de famille, mon amie a reçu ce diagnostic que personne ne veut entendre :

- Madame, vous avez un cancer.

Je crois qu'entre frapper un orignal ou être frappé par ce genre de nouvelle, je prendrais la première option. Mais heureusement pour elle, ayant été découvert à temps, ce cancer a pu être traité de façon efficace, sans trop de séquelles.

Plusieurs années plus tard, elle se porte à merveille et est maintenant mère d'une belle petite fille.

À la lecture de cette histoire, on ne peut que réaliser cette chose fort importante : cet accident dramatique, qui aurait pu coûter la vie de mon amie, a été l'évènement qui, au fond, lui a sauvé la vie. Sans cet orignal qui s'est sacrifié pour elle, sans cette commotion cérébrale nécessitant un « *scan* » supplémentaire, sans cet urgentologue qui a si vivement insisté sur l'importance d'investiguer plus à fond, on aurait découvert son cancer trop tard et les complications auraient pu malheureusement être bien plus graves. Ah oui! Vraiment! Cet accident lui a sauvé la vie!

Alors, je le redemande : y a-t-il un sens à tout cela?

La vie, c'est aller de l'avant, c'est la transformation, le changement. Dès que nous nous y opposons, nous nous retrouvons, tout comme dans le canot évoqué au début, à ramer contre le vent, à déployer une énergie sans borne pour faire à notre tête. Au fond, nous nous retrouvons à nous battre contre nous-même.

Notre âme ne cherche qu'à suivre son essence, qu'à apprendre, qu'à expérimenter, qu'à se gonfler d'expérience. Tout se transforme à chaque instant.

Regardez autour de vous présentement et essayez de trouver quelque chose qui ne se transforme pas.

En ce moment, l'herbe pousse, l'arbre fait ses feuilles, l'eau coule dans la rivière, sans fin. Même la grosse pierre qui vous supporte en ce moment, si vous êtes assis près d'un cours d'eau, change petit à petit. Revenez vous y asseoir dans vingt ans et vous verrez qu'elle n'a plus la même forme qu'aujourd'hui. Sa transformation lui aura pris juste un peu plus de temps que pour les autres.

Vous êtes destiné à changer, à vous transformer, car tant et aussi longtemps que vous serez vivant, la seule condamnation que l'humain portera en lui, sera celle-ci : « **AVANCER.** »

La vie, c'est le mouvement. Et si le mouvement vous quitte, c'est que la vie, elle aussi, vous a quitté.

Donc, y a-t-il vraiment un sens à tout cela?

Oui! et c'est VOUS!

Vous, et vous seul, êtes le sens de votre vie! Rien n'arrive sans vous, rien n'existe sans vous et rien ne se transforme sans vous. Vous êtes votre propre source, votre propre chemin et votre propre destination. Rien ne peut y changer quoi que ce soit. Votre vérité est LA VÉRITÉ…, seulement pour vous.

Le seul sens de tout ce que mon amie a vécu lors de cette rencontre avec un orignal, c'est « ce qu'elle-même a vécu ». Point final!

Grâce à cet accident, elle s'est vue différemment, elle a compris, expérimenté et touché à la douleur de son corps et, ensuite, elle a puisé profondément en elle pour combattre ce cancer. Déjà, à la mi-vingtaine, elle a réalisé que la mort existait et que la vie devait se vivre sans attendre au lendemain, que l'instant qui l'habitait à ce moment-là ne serait plus jamais le même.

Tout ça pour ça?

OUI! SEULEMENT ÇA!

*

« Mieux vaut avoir aimé et perdu
que de n'avoir jamais aimé. »

Paolo Coelho

À chaque moment, nous avons le choix de regarder vers le haut ou vers le bas, de refuser ou d'accepter, de marcher ou de nous asseoir par terre et pleurer. Ces choix nous sont toujours proposés et, en plus, ils nous sont toujours pardonnés.

Nous sommes les créateurs de nos vies et les anges d'en haut, nos guides, nos maîtres (appelons-les comme bon nous semble) travaillent toujours de concert avec nous, en accord avec nos décisions, dans le respect de l'autre et de son cheminement. Le seul contrôle que nous avons, c'est celui de pouvoir choisir la façon dont nous percevons ce qui nous arrive.

Il y a de cela quelques années, mon meilleur ami a vécu une période plus que difficile. Lui-même survivant du cancer et, précisons-le, deux fois plutôt qu'une, il venait de perdre sa conjointe, sa complice des trois dernières années, emportée, elle aussi, par cette maladie.

Leur première rencontre remontait à dix ans auparavant, alors qu'apprenant qu'elle devait faire face à ce tueur en série, une tierce personne les avait mis en contact, sachant que mon ami, lui, s'en était sorti. Une grande amitié s'était rapidement installée entre eux, mais étant en couple chacun de leur côté, le temps les a éloignés et ils poursuivaient chacun leur chemin loin l'un de l'autre.

Plusieurs années plus tard, alors qu'ils habitaient dans des villes différentes, des centaines de kilomètres les séparant, à la suite d'une visite impromptue de mon ami dans sa ville natale et, disons-le, « un petit clin d'œil de la vie aidant », voilà qu'ils se sont retrouvés. En se présentant de nouveau, cette fois, ils ont constaté que, oui, il y avait une ouverture. Mon ami étant redevenu célibataire, et elle qui surnageait dans un couple battant de l'aile, leur intérêt l'un pour l'autre ne pouvait plus être ignoré et se glisser sous le paillasson. L'amour étant plus fort que tout, leur relation a pris son envol assez rapidement.

Force est de constater ici que, lorsque les acteurs sont vrais avec eux-mêmes, la vie, elle aussi, simplifie les choses!

Malheureusement, malgré leur bon vouloir, leurs bonnes pensées, leur large conscience du monde et leur amour plus que sincère, la fatalité a frappé, un jour d'automne. La réapparition de cette sournoise maladie est venue tout chambouler pour elle. Il fallait qu'elle se batte à nouveau, corps et âme, contre cet envahisseur qu'ils connaissaient si bien tous les deux. Voilà que, au moment où personne ne s'y attendait, renaissait de ses cendres cette maladie qui, tel un ennemi sans pitié, les avait cloués au tapis, il y avait de ça plusieurs années. En plein milieu d'un parfait bonheur, la bête rugissait plus fort que jamais, déployant de grands efforts pour finalement triompher, dans un combat tout à fait inégal.

Inlassablement, pendant près de deux années composées de petites victoires et de grandes défaites, d'acceptation et de deuils, ils se sont battus la main dans la main, comme de vrais guerriers. Ils ont dû faire le deuil d'une vie à deux, celui de voir grandir les deux enfants qu'elle avait, celui de partager des moments tendres, plongés dans le regard de l'autre, le deuil de rire, bref, ils ont dû faire le deuil de cette personne que l'on aime tant et qui risque de ne plus être présente le lendemain.

Quelque temps après son départ, assis autour d'un bon café dans le Vieux-Montréal, mon ami et moi discutons de cette histoire, question de peut-être en comprendre le sens, un tantinet. Tout en tentant de garder le plus grand des respects face aux évènements qu'il venait de vivre, soudainement, je lui demande comment il interprétait le décès de sa conjointe. Selon lui, est-ce qu'il y avait un sens à toute cette pièce de théâtre? L'ayant vécu de l'intérieur, comment percevait-il la vie maintenant? Valait-elle encore la peine d'être vécue?

À ce jour, je n'ai jamais été jeté par terre par une réponse, comme je l'ai été à ce moment-là. C'était comme si le temps n'existait plus, comme si tout le monde avait déserté le bistro, à l'exception de nous deux. On n'entendait plus le bruit de ville à l'extérieur, ma respiration et mon regard suspendus; je n'ai entendu que cette phrase qu'il a prononcée, cette phrase inspirée d'une sagesse d'outre-tombe :

- Mon Norm! Comment pourrais-je en vouloir à la vie, puisque ce cancer, c'est cette même maladie qui nous a permis de nous rencontrer?»

Et il a poursuivi en disant :

- On a eu trois belles années d'amour, on a connu ce que c'est d'aimer et d'être aimé, chose que plusieurs n'ont jamais eu la chance d'expérimenter.

Comment cet homme, souffrant de la perte de sa conjointe, réussissait-il encore à parler de la sorte? Pourquoi ne hurlait-il pas sa frustration envers cette vie qui lui avait tout pris? Pourquoi ne frappait-il pas sur la table en criant sa douleur et sa rancœur? Au fond, pourquoi n'était-il pas un homme ordinaire?

La seule raison pour laquelle je suis en vie, c'est que je ne pouvais pas mourir.

Neil Peart

Mon ami avait simplement choisi d'avoir une perception différente, de voir cette histoire d'un point de vue que, normalement, nous ne voulons pas aborder. Il avait choisi d'être l'acteur de sa vie et non pas le spectateur. Il valorisait ce qu'il avait reçu de la maladie et non pas ce qu'il avait perdu. Allant bien au-delà de cette pièce de théâtre, il la regardait différemment et il choisissait de vivre plutôt que de mourir. Il prenait position pour la vie et renonçait au siège de la victime, sans vouloir banaliser ce qu'il avait vécu. Bien au contraire, il savait que la douleur devait quand même se vivre, que pleurer restait la soupape par excellence, que rien ne valait la peine d'être cristallisé et gardé en dedans. Sa perception faisait foi de tout, et c'est grâce à celle-ci qu'il a pu, ce jour-là, me transmettre cette leçon de vie comme bien peu de gens se sont permis de le faire.

En peu de mots, par son vécu à lui, il m'a appris à voir autrement, il m'a appris que, malgré la souffrance, il était possible de voir les choses différemment, de poser sur la vie un regard juste et de, peut-être, en tirer une force qui nous pousse vers l'avant au lieu de nous entraîner vers le fond.

Cet ami m'a appris que la vie, c'est tout ça.

La vie, ce sont des fous rires, mais aussi des pleurs, de grandes victoires, ou aussi, parfois, de très grandes défaites, des périodes de bonne santé et d'autres où la maladie s'invite. La vie, c'est un ensemble de hauts et de bas qui, finalement, nous offre une expérience extrême de l'existence, une meilleure connaissance de nous-même, sous toutes nos coutures, même si, en fin de parcours, elle devient un périple hasardeux en même temps qu'un voyage enivrant.

Au fond, la vie nous prend sous son aile et elle réussit à faire de nous une meilleure personne.

-14-

Deviens qui tu es...

Ayant travaillé dans le domaine de la télé durant plusieurs années, me revient en tête cette anecdote, un peu particulière, vécue par trois de mes collègues en mission lors du conflit en Syrie. Bashar al-Assad tentait tant bien que mal de contenir le soulèvement de son peuple contre son régime en bombardant inlassablement villes et quartiers. Sans répit, 24 heures sur 24, les obus pleuvaient un peu partout sur la ville d'Alep où se trouvait mon collègue journaliste accompagné de son cameraman et de sa réalisatrice. Tous trois étant, j'en conviens, un peu téméraires, ils effectuaient un tournage dans un hôpital au centre-ville, question de constater sur place cette misère insoupçonnée et nous rapporter des images d'une réalité hors du commun.

Le travail terminé, les entrevues étant toutes complétées, il ne leur restait qu'à enregistrer ce que nous appelons dans le métier un « *stand-up* » c'est-à-dire une courte intervention où on voit le journaliste à l'écran, normalement pas trop loin du lieu où l'histoire se déroule, apportant quelques informations additionnelles au reportage. Ayant pris place de l'autre côté de la rue, avec l'hôpital en arrière-plan, d'un commun accord et pour une raison obscure, ils ont décidé de reporter le tout et de plutôt privilégier un petit tournage complémentaire à l'extérieur du périmètre, sachant bien que le « *stand-up* » pouvait être repris plus tard dans la journée. Rapidement, ils sont montés dans la Jeep pour se rendre à l'endroit choisi et prendre les images nécessaires au reportage.

Une heure à peine s'étant écoulée, ils étaient déjà de retour dans le quartier où se situait l'hôpital. Mais cette fois il y avait quelque chose qui clochait. Ils avaient peine à avancer. Des gens couraient partout, affolés, d'autres transportaient des corps ensanglantés sur des civières de fortune, des cris de détresse percutaient les murs des édifices, de la fumée avait envahi le secteur au grand complet. Leur Jeep avançait tant bien que mal au travers de ce fouillis. L'anarchie régnait tout autour. De partout, les gens imploraient Allah. À travers la fumée des autos en feu et la poussière de tous les bâtiments effondrés, se dévoilait une scène apocalyptique confirmant, sans l'ombre d'un doute, ce que mes collègues redoutaient le plus au monde : un missile avait frappé de plein fouet l'hôpital où ils se trouvaient, voilà à peine soixante minutes.

Rien n'avait résisté à la force de l'impact. L'édifice principal ainsi que ceux qui sont avoisinants n'existaient plus, sauf peut-être quelques structures ici et là. Les survivants étaient peu nombreux et, pire encore, il n'y avait plus aucun endroit à proximité où amener les blessés pour les soigner.

Que peut-on faire face à un tel désastre, sinon observer et tenter de sauver sa propre peau? Qui plus est, comme correspondant à l'étranger, rien de tout cela ne t'appartient vraiment. Tu te retrouves témoin d'une réalité qui ne fait aucun sens, où des inconnus sont morts pratiquement sous tes yeux, au nom d'une guerre qui semble tout autant inconcevable qu'interminable. Tu n'es qu'un simple témoin, les yeux et les oreilles de téléspectateurs lointains qui vivent ces évènements à travers ton regard et ton expérience personnelle.

Par contre, cette fois-là, une vérité s'imposait à mes collègues en mission. Ils étaient allés dans cet hôpital, ils avaient parlé à ces médecins et à ces infirmières qui étaient maintenant probablement tous morts. Ils étaient eux-mêmes passés tout près d'y rester, d'y laisser leur propre vie, à quelques minutes seulement.

S'ils n'avaient pas pris la décision de s'éloigner pour ce complément de tournage, ils ne pourraient tout simplement plus être là pour en parler aujourd'hui.

Pourquoi ont-ils eu cette idée? Pourquoi, à cet instant précis, cette journée-là, était-il totalement acceptable pour eux de quitter les lieux pour mieux revenir après? N'aurait-il pas été plus logique de terminer d'abord le travail et de se déplacer par la suite?

Ce soir-là, le chemin du retour n'avait rien de bien grisant. Tous digéraient les évènements de la journée, se recueillant chacun à leur façon, question d'y voir un peu plus clair. Il y avait peu de conversations à l'intérieur de la jeep conduite par un chauffeur local qui, lui aussi, était sans mot. Il est impossible de vivre ce genre de situation sans remettre sa vie personnelle sur la table à dessin, sans avoir une pensée pour ces êtres chers qui, à l'autre bout du monde, ignoraient encore qu'ils avaient été à un cheveu près de ne plus revoir leur père, leur frère, leur sœur, leur fils…

Une route plus longue qu'à l'habitude, ce soir-là. Chaque arrêt, chaque bosse, chaque trou sur la route leur ramenaient en tête un souvenir différent. Le silence disait tout, cette sorte de silence où, par respect, on évite d'interrompre celui de l'autre.

À cet instant, pendant cet interminable voyage en direction de leur hôtel, mon confrère, responsable de l'image, a prononcé cette phrase qui m'est restée en mémoire depuis ce jour :« *DEVIENS QUI TU ES!* ».

Ce jour là, malgré les dangers inhérents à son travail, alors qu'il aurait bien pu y laisser sa peau et terminer sa vie dans la fleur de l'âge, loin des siens, il affirmait sans peine *« QU'IL NE VOULAIT ÊTRE NULLE PART AILLEURS! »*

Il était un cameraman de guerre qui, pour des motifs pécuniaires, sociaux ou familiaux, ne pouvait se renier lui-même parce que c'était ce qu'il était. Malgré la peur, les conditions de vie difficiles, les longueurs heures de travail de ce genre d'affectation, les risques…, c'était ce qu'il était, fondamentalement!

Ne vous méprenez pas! Rien de tout son discours n'était fait sur le coup de l'émotion, ce n'était pas une enfilade de beaux principes, faite dans le but d'impressionner la galerie. Ce type avait déjà survécu à deux autres évènements majeurs. Le premier en Afghanistan où, dans un convoi de l'armée canadienne, le véhicule qui le précédait avait explosé sur une mine, tuant deux soldats, et le second, durant la crise en Égypte, lors du soulèvement appelé *« Printemps arabe »* où on lui avait sauvé la vie *in extremis* alors que des manifestants le tabassaient violemment.

Il avait fait le choix de vivre ce qu'il était au plus profond de lui-même, d'en assumer les risques et les conséquences, juste pour être vrai avec lui-même. Il affirmait que personne ne pouvait entrevoir ce que serait le reste de sa vie. Allait-il mourir sous les balles d'un tireur embusqué, quelque part au Moyen-Orient, ou plutôt de façon banale, à l'âge de quatre-vingts quelque années, des suites d'une simple grippe? Nul ne pouvait le dire. Il se disait qu'à tout le moins, il aurait le privilège d'avoir vécu comme il l'entendait, d'avoir choisi sa vie en l'assumant entièrement, dans ses bons et ses mauvais moments.

Cette histoire a été pour moi le point de départ d'une grande réflexion sur ce que nous sommes et sur ce que nous devenons au fil du temps.

Dans nos vies, face à toutes ces questions sur notre existence, ces questions qui, tout à coup, lors de grandes perturbations, prennent une grande importance, nous devons répondre inlassablement : *« DEVIENS QUI TU ES! »*.

Depuis l'époque de la jeune vingtaine, remplis de rêves et d'espoirs, nous avançons dans nos vies respectives en perdant peu à peu cette énergie qui nous habite, au profit d'un désir de stabilité et de sécurité. Un immobilisme maladif nous mène tout droit vers la désillusion face aux impondérables évènements de la vie. Nous enfouissons profondément en nous cette flamme et nous acceptons de nous éteindre progressivement, nous résignant au sort de vieillir.

Mais pourquoi péricliter de la sorte? Notre corps ne va pas en rajeunissant d'année en année, mais notre essence, elle, s'enrichira de tant d'expériences accumulées en cette vie! Les idées ne manqueront pas, les accomplissements non plus. Sans doute, les méthodes seront un peu différentes, le temps pour accomplir les tâches aussi, mais les contributions à notre expérience globale n'iront jamais en diminuant.

Il faut rêver sa vie encore plus fort et tendre la main à cet Être qui se cache à l'intérieur de nous. Il faut lui permettre de s'exprimer dans sa réalité, une fois pour toutes, et poursuivre la route de l'expérimentation dans toute sa splendeur.

*

Tous autant que nous sommes, nous quitterons cette terre un certain jour. Après trente, quarante, soixante années de vie, un signal nous avisera de partir, en laissant tout derrière nous. Certains d'entre nous auront la chance de pouvoir porter un regard contemplatif sur ce moment, d'autres seront surpris par la rapidité du départ. Toutefois, l'important, à cet instant précis de notre vie, sera de pouvoir exprimer une certaine satisfaction face au chemin parcouru, de se voir, à la toute fin, en train de se bercer sur une galerie quelque part en se disant tout bas : « Quel beau voyage ce fut! »

Il faut pouvoir partir la tête tranquille avec le sentiment sincère du devoir accompli, sans aucun regret, sans avoir la tentation d'y changer quoi que ce soit, en se disant : « Ainsi s'est terminée mon histoire et j'ai fait tout mon possible pour en extraire le meilleur. »

Ne serait-il pas merveilleux de vivre nos derniers moments avec cette sérénité dans le cœur? Il ne tient qu'à nous d'en préparer le contenu, dès aujourd'hui. C'est à nous d'écrire l'histoire que nous souhaitons vivre et non pas vivre celle d'un autre.

Donnons-nous le droit d'exister par nous-même, cessons de nous fier à ce qui nous entoure pour avancer. Ayons le courage de nos convictions et la force de nos actions. N'ayons plus peur d'avoir peur, mais plutôt servons-nous de ces peurs comme moteur de changement. Osons l'inconnu!

Personne n'a vraiment changé sa vie sans accepter de vivre une transformation. Il faut assumer qui l'on est, se pardonner de ce qu'on a été, oser se projeter en sens opposé et accepter de se laisser mener à travers toutes les étapes caractéristiques au changement.

Un jour, un homme m'a demandé :

- Croyez-vous aux évènements imprévus?

Ma réponse étant affirmative, il me dit, d'un air amusé :

- Alors, servez-vous-en!

Je vous refile la boutade!

Laissez-vous surprendre par la vie. Osez vous imaginer qu'elle peut être différente, plus en concordance avec qui vous êtes, avec vos aspirations, vos rêves, vos désirs… Pour cela, bien sûr, il vous faudra trouver les coordonnées de longitude et de latitude qui correspondent à l'être qui se cache en vous. Car, depuis si longtemps, elle n'attend que ça, cette vie. Elle espère recevoir les indications précises de la destination que vous désirez atteindre.

Le contrat est simple. Libérez-vous de ces charges qui vous écrasent et vous ralentissent et devenez un électron libre dans cet univers. Une destination s'impose d'elle-même et voilà qu'en guise de récompense, pour le courage que vous démontrez, les étoiles s'alignent pour vous faciliter la vie.

Toutes les pages qui précèdent convergent vers une même idée maîtresse : **Il faut se regarder dans le miroir et se parler de sa propre vérité.**

Il faut s'assumer dans ses forces et ses faiblesses pour ensuite, sur cette pierre, bâtir les fondations d'un Être plus vrai, plus équilibré et, un jour peut-être, plus heureux.

> *« Ta seule obligation en n'importe quelle vie est d'être vrai envers toi-même. »*

Richard Bach

Dans ce livre, j'ai tenté de vous apporter ne serait-ce qu'une parcelle de la lumière qui m'habite en certaines occasions. Oui, elle me quitte régulièrement pour mieux me revenir lorsque j'ai le dos tourné. Oui, ce travail, qui a débuté il y a plus d'un demi-siècle maintenant, est loin d'être terminé. Chaque jour, de nouveaux soulèvements, des peurs et des préoccupations s'installent en moi.

Dès le début, je me suis présenté comme un homme à votre image et je le serai toujours. Parfois mieux, à certains égards, ou parfois pire. Mais c'est MA route, celle que j'ai choisie, celle sur laquelle je pose le pied chaque jour et celle qui sera mienne jusqu'à la fin de mon périple. Cinquante années ont passé avant qu'enfin je puisse répondre « OUI! » à cette question : « Veux-tu vraiment vivre? »

Cette vie, je l'ai cherchée partout. Pendant toutes ces décennies, j'ai marché dans les souliers des autres et j'ai parlé le langage de l'ennemi. Plus d'une fois, je me suis fait violence et j'avoue avoir frôlé le précipice en quelques occasions. Malgré tout, encore aujourd'hui, je lève toujours le bras pour dire « Présent! » lorsque le grand Maître passe en revue la liste des invités.

La beauté, c'est que maintenant, plus de deux ans après m'être lancé le défi de poser sur papier toutes ces idées enfouies dans mon cœur, je peux enfin conclure ce livre avec un énorme sentiment de fierté.

Dès la vingtième page, sincèrement, je me demandais comment je ferais pour en écrire cent. Et en voilà ici le double! J'ai même l'envie secrète de revivre l'aventure ultérieurement, dans un second tome.

Voilà une étape accomplie, un crochet de plus sur cette « *bucket list* » déjà fort bien remplie. L'espoir de sincèrement affirmer haut et fort un jour prochain :

« JE SUIS QUI JE SUIS! »

www.ingramcontent.com/pod-product-compliance
Lightning Source LLC
Chambersburg PA
CBHW071419090426
42737CB00011B/1516